Ricardo Westin

Jornalista com passagens por
Veja, Estadão, Folha e *O Globo*

A queda de
Dilma

São Paulo
2017

Copyright © 2017 by Universo dos Livros

Todos os direitos reservados e protegidos pela Lei 9.610 de 19/02/1998. Nenhuma parte deste livro, sem autorização prévia por escrito da editora, poderá ser reproduzida ou transmitida sejam quais forem os meios empregados: eletrônicos, mecânicos, fotográficos, gravação ou quaisquer outros.

Diretor editorial: **Luis Matos**
Editora-chefe: **Marcia Batista**
Assistentes editoriais: **Aline Graça e Letícia Nakamura**
Preparação: **Giacomo Leone Neto**
Revisão: **Nestor Turano Jr.**
Arte: **Francine C. Silva e Valdinei Gomes**
Capa: **Marcos Mazzei**

Dados Internacionais de Catalogação na Publicação (CIP)
Angélica Ilacqua CRB-8/7057

L725w
   Westin, Ricardo
   A queda de Dilma / Ricardo Westin. — São Paulo : Universo dos Livros, 2017.
   192 p.

   Bibliografia
   ISBN: 978-85-503-0147-1

   1. Rousseff, Dilma, 1947- 2. Partido dos Trabalhadores (Brasil) 3. Presidentes – Brasil 4. Brasil - Política e governo 5. Machiavelli, Niccolò, 1469-1527 I. Título

17-0499   CDD 320.981

Universo dos Livros Editora Ltda.
Rua do Bosque, 1589 – Bloco 2 – Conj. 603/606
CEP 01136-001 – Barra Funda – São Paulo/SP
Telefone/Fax: (11) 3392-3336
www.universodoslivros.com.br
e-mail: editor@universodoslivros.com.br
Siga-nos no Twitter: @univdoslivros

SUMÁRIO

AGRADECIMENTOS		5
PRÓLOGO	O fim justifica os meios	7
MANDAMENTO 1	Não cumpras as tuas promessas	17
MANDAMENTO 2	Anuncia tu as boas notícias e incumbe outros de anunciar as más	27
MANDAMENTO 3	Não demores para resolver os problemas, pois podem ficar grandes demais e se tornar insolúveis	33
MANDAMENTO 4	Convence o povo de que a vida será melhor se o príncipe fores tu	43
MANDAMENTO 5	Torna os teus aliados dependentes de ti	51
MANDAMENTO 6	Incute-lhes medo, assim não hão de trair-te	59
MANDAMENTO 7	Sê criterioso na escolha dos teus ministros	65
MANDAMENTO 8	Faz as maldades de uma só vez e as bondades a conta-gotas	73
MANDAMENTO 9	Sê firme e não voltes atrás nas tuas decisões	79
MANDAMENTO 10	Estende os teus tentáculos por todo o principado	87
MANDAMENTO 11	Mantém o povo sempre do teu lado e não desagrades os poderosos	99
MANDAMENTO 12	Leva os súditos a crer que possuis as mais nobres virtudes humanas	107
MANDAMENTO 13	Divide os teus inimigos, pois assim se debilitam e não te derrotam	115
MANDAMENTO 14	Cerca-te de bons conselheiros e ouve o que eles te dizem	127
MANDAMENTO 15	Não tentes fugir de uma guerra que é inevitável	139
MANDAMENTO 16	Não confies a defesa do teu Estado a um exército de mercenários	151
EPÍLOGO	A *virtù* e a *fortuna*	166
FONTES		187
BIBLIOGRAFIA		192

AGRADECIMENTOS

Meus agradecimentos ao Instituto Legislativo Brasileiro, pela excelente pós-graduação que me descortinou o mundo da ciência política; a Edvaldo Fernandes, pela competente orientação no trabalho acadêmico que foi a semente desta obra; e a Noeli Menezes, Fernanda Calgaro, Cintia Sasse, Mario Luis Grangeia e Walter Landim, pela valiosa contribuição para que o livro chegasse à forma final.

PRÓLOGO

O fim justifica os meios

Brasília, 26 de outubro de 2014. Dilma Rousseff não cabe em si de tanto êxtase. Do alto do palanque montado num hotel de luxo da capital federal, a presidente faz seu primeiro pronunciamento à nação, após conhecer o resultado de uma das eleições mais disputadas da história brasileira. Com uma vantagem apertada de votos no segundo turno, a primeira mulher a chegar à Presidência da República agora ganha o direito de comandar o país por outros quatro anos. O Partido dos Trabalhadores (PT) chega a seu quarto mandato nacional consecutivo. "A reeleição é um voto de esperança na melhoria dos atos daqueles que vinham governando até então", brada ela, entre sorrisos, mão no peito e gotas de suor, sendo interrompida pelos assobios estridentes de militantes vestidos de vermelho e pelas palmas calculadas de políticos de peito estufado – entre os quais o vice-presidente Michel Temer e o ex-presidente Luiz Inácio Lula da Silva. Dilma prossegue com o discurso da vitória: "Quero ser uma presidenta muito melhor do que fui até agora. Quero ser uma pessoa muito melhor. Este sentimento de superação não deve apenas impulsionar o governo e a minha pessoa, mas toda a nação".

Brasília, 31 de agosto de 2016. Dessa vez, Dilma Rousseff surge abatida. Ela desce a rampa interna do Palácio da Alvorada, a residência presidencial, e se posta diante de um microfone para dar adeus. Os senadores acabam de aprovar o impeachment. Com o mandato abreviado, ela já não é presidente da República. "Hoje, o Senado Federal tomou uma decisão que entra para a história das grandes injustiças", afirma ela, rodeada dos poucos políticos e auxiliares que não a traíram e se mantiveram fiéis até o fim, com semblantes que vão do grave ao choroso. Dilma não governa desde maio, quando os senadores abriram o processo de impeachment e ela foi temporariamente afastada do poder para ser julgada. Com a decisão de 31 de agosto, o afastamento se torna definitivo. "Apropriam-se do poder por meio de um golpe de Estado", ela acusa. "Este é o segundo golpe que enfrento na vida. O primeiro, um golpe militar apoiado na truculência das armas da repressão e da tortura, que me atingiu quando eu era uma jovem militante. O segundo, parlamentar, desfechado hoje por meio de uma farsa jurídica que me derruba do cargo para o qual fui eleita pelo povo." Lula, inconsolável, assiste de longe à despedida de Dilma, sem descer a rampa do Alvorada. Quem não cabe em si de tanto êxtase é Temer, que nesse instante está a caminho do Congresso Nacional, onde assinará o termo de posse e será efetivado na Presidência da República, deixando de ser presidente interino, para concluir o mandato de Dilma e governar o Brasil até 2018.

Da vitória ao ocaso, a queda foi fulminante. Dilma Rousseff perdeu o trono sem conseguir chegar nem à metade do mandato. A petista foi um ponto fora da curva. O momento em que os mandatários ostentam mais capital político é justamente o início do governo, quando sobra respaldo popular. No exato dia em que se reelegeu, ela entrou no inferno astral e de lá não saiu. Uma parte do fracasso do governo Dilma 2 é explicada pela mistura explosiva de crise política, economia em recessão e ira popular, tudo isso inflamado por revelações diárias a respeito do maior esquema de desvio de dinheiro público já descoberto na história nacional, que sugou a estatal Petrobras e foi desbaratado pela Operação Lava Jato. Outra parte do desmoronamento do governo Dilma 2 deve ser creditada à investida oportunista dos inimigos, que encontraram nesse ambiente conturbado o solo fértil para plantar o pedido de impeachment, aprová-lo e tomar o poder. Eles acusaram a presidente de atentar contra os cofres públicos, gastando mais dinheiro do que podia, o que a lei do impeachment listava entre os crimes de responsabilidade imputáveis ao presidente da República. Esses dois fatores, no entanto, não contam a história completa. Não foi por mero capricho do destino que a crise nacional e o pedido de impeachment ganharam corpo e se encontraram. As duas dinamites que implodiram o governo foram plantadas pela própria Dilma – involuntariamente, claro. Ao longo dos breves 22 meses entre a reeleição e o impeachment, ela revelou a mais absoluta inaptidão para o mundo da política.

A presidente Dilma Rousseff foi desastrosa lidando com a sociedade, montando a equipe de governo, enfrentando a oposição, negociando com os aliados no Congresso Nacional, conduzindo a economia etc. O "etc." não é retórico. A lista de equívocos vai longe. A única coisa que a presidente fez a partir da reeleição foi escorregar nas cascas de banana que ela própria atirava ao chão. Não houve semana em que o Palácio do Planalto não protagonizasse manchetes de jornal desabonadoras. As deficiências haviam ficado camufladas no governo Dilma 1, período de bonança graças aos progressos econômicos e sociais alcançados pelo presidente Lula e conservados por força da inércia. No governo Dilma 2, já sem a influência do mandatário antecessor, a falta de capacidade da presidente foi ficando dia a dia mais gritante. Fosse um líder um pouco mais hábil do que ela posto diante das mesmas adversidades, é muito provável que o desfecho não tivesse sido tão trágico.

Para exercer o poder com um mínimo de competência, Dilma Rousseff não precisaria recorrer a gurus do marketing político, a cursos de gerenciamento de crise, a números de pesquisas de opinião nem a monitoramentos das redes sociais da internet. As sofisticadas armas da política do início do século XXI se tornam secundárias quando o governante sabe como deve agir. O destino de Dilma poderia ter sido menos duro se ela simplesmente tivesse folheado um livrinho antigo que já passou pelas mãos dos líderes políticos mais influentes do mundo no decorrer dos últimos quinhentos anos. Trata-se de *O Príncipe*, o manual do poder escrito em 1513 pelo brilhante pensador político Nicolau Maquiavel. Atribui-se ao livro o lema "o fim justifica os meios" – ainda que a pena de Maquiavel jamais tenha escrito exatamente essas palavras. Quem assistiu com alguma atenção às aulas de história geral do colégio já ouviu falar do autor e da obra. Foram as ideias contidas nesse livro que deram origem ao adjetivo "maquiavélico", de uso corrente em inúmeras línguas.

Nicolau Maquiavel (1469-1527) foi cidadão da República de Florença, um dos pequenos territórios em que se dividia a atual Itália. Em vida, ele ganhou alguma notoriedade como diplomata do governo florentino. O reconhecimento mundial só viria postumamente, como pensador político. *O Príncipe* foi publicado em 1532, cinco anos depois de ele ter morrido. Em sua obra-prima, Maquiavel apresenta uma série de conselhos práticos àqueles que aspiram ao êxito político. São lições bem didáticas de como conquistar o poder, governar e não ser derrubado. Se tivesse sido escrita hoje, a obra fatalmente acabaria sendo enquadrada como autoajuda. Não seria nenhum demérito. A receita que ele apresenta não é subjetiva, inventada ou pendente de comprovação. Pelo contrário, é densa e baseada em fatos. Maquiavel recorreu a dois tipos de matéria-prima para escrever seus mandamentos políticos: o estudo exaustivo de séculos de história e a observação atenta da política de seu próprio tempo. *O Príncipe* está repleto de epopeias protagonizadas por governantes da Antiguidade da envergadura de Ciro, o rei persa, e Severo, o imperador romano. Quanto à política, Maquiavel aproveitou a privilegiada posição de segundo chanceler de Florença para verificar como se portavam os soberanos dos territórios ao seu redor. Em missões do governo florentino no exterior, ele conheceu, entre outros, Fernando II, o rei católico que criou a Espanha moderna e patrocinou a descoberta da América, e César Bórgia, o temido soberano da Romanha, filho do igualmente cruel papa

Alexandre VI. Além dos monarcas, Maquiavel radiografou a conduta dos grandes comandantes militares do presente e do passado – a política, ele já sabia, também é uma guerra. Ele próprio chegou a arregimentar e comandar um exército de cidadãos florentinos. A partir do cruzamento de inúmeros estudos de caso, ele conseguiu pinçar quais comportamentos conduziram ao êxito e, dessa maneira, pôde redigir os mandamentos que devem nortear cada passo dos príncipes. Com um rigor próximo do científico, Maquiavel concebeu assim sua teoria geral da ação política.

Eis alguns dos seculares e valiosos mandamentos maquiavélicos: "faz as maldades de uma só vez e as bondades a conta-gotas", "incute-lhes medo, assim não hão de trair-te" e "divide os teus inimigos, pois assim se debilitam e não te derrotam". Em *O Príncipe*, contudo, as orientações aos mandatários não aparecem dessa forma tão clara, sistematizados, como uma lista daquilo que se deve e daquilo que não se deve fazer. Os comandos frequentemente surgem no miolo dos capítulos, algumas vezes diluídos, quase camuflados dentro das histórias narradas. É para facilitar a compreensão do leitor que nas páginas a seguir os conselhos de Maquiavel são apresentados segundo o inconfundível enunciado imperativo dos dez mandamentos bíblicos. Trata-se tão somente de uma liberdade prosaica. De qualquer forma, cada comando aqui enumerado vem acompanhado da respectiva passagem original de *O Príncipe*. Como se verá pelos fragmentos pinçados, apesar de escrito há quinhentos anos, o livro não tem mistério. Em menos de duzentas páginas, Maquiavel conseguiu apresentar suas narrativas e interpretações de forma simples, clara e elegante, sem rebuscamentos nem obstáculos desnecessários.

Nicolau Maquiavel viveu no auge do Renascimento, o momento de inflexão em que a humanidade transitava da escura e atrasada Idade Média para a iluminada e progressista Idade Moderna. A Europa abandonava a fragmentação territorial do feudalismo e abraçava os grandes Estados nacionais. Ao mesmo tempo, o mundo deixava de ser visto pelas lentes da religião e da superstição e começava a ser entendido pela óptica da ciência, mesmo que de uma forma ainda rudimentar. O próprio Maquiavel foi responsável por uma das transições ocorridas no Renascimento. Até então, a política era considerada uma arte e compreendida por meio da filosofia. Para os pensadores da Grécia clássica, como Platão e Aristóteles, a comunidade precisava ser liderada por um homem disposto a abdicar de seus interesses íntimos e dar o seu melhor em favor da coletividade. Com a teoria geral da ação política formulada por Maquiavel, isso ficou para trás. No lugar do homem ideal e da política ideal, o que se começou a olhar foram o homem real e a política real. "O modo como se vive é tão distante do modo como se deveria viver", explica ele em seu manual do poder, "que quem age conforme o segundo, e não conforme o primeiro, contribui mais à sua ruína do que à sua preservação. O homem que deseja fazer profissão de bondade em toda parte arruína-se em meio a tantos que são perversos." Essa ruptura no pensamento foi a semente de toda a ciência política moderna.

O Príncipe não é uma leitura para quem tem estômago fraco. Apesar de semelhante no título, é o avesso de *O Pequeno Príncipe*, a meiga obra-prima de Antoine de Saint-Exupéry. Os leitores comuns que se atrevem a tirar *O Príncipe* da estante podem ficar chocados e nauseados diante da forma escancarada como Maquiavel disseca as entranhas do mundo do poder. O livro relativiza os conceitos de bom e mau, certo e errado. Para alguns, isso é perturbador. Para outros, inaceitável. Nicolau Maquiavel ergue um muro entre a moral pessoal e a moral do poder. Nem sempre o que vale num lado do muro vale no outro. No lado onde se dão as relações pessoais, "bom" é o homem bondoso, caridoso, compreensivo, honesto e leal. No lado das relações políticas, o mesmo adjetivo comporta apenas um sinônimo: "bom" é o príncipe forte. Sendo forte, ele é capaz de deter aqueles que conspiram contra o governante, de proteger o território de convulsões internas e agressões externas e de garantir o bem-estar do povo. Um exemplo deixa mais claro quão diferentes são esses dois mundos: enquanto o cidadão "bom" não tem o direito de tirar a vida de outro, o príncipe "bom" em certos casos é obrigado a mandar executar o transgressor da lei. Na moral do poder, o que importa não são os interesses pessoais do governante ou de cada cidadão individual, mas sim os interesses maiores da comunidade. E estes últimos só podem ser atendidos por um príncipe forte, que não se deixa derrubar. O erro do senso comum é crer que, para Maquiavel, o príncipe não deveria se portar de forma bondosa, caridosa, compreensiva, honesta e leal. Na realidade, ele poderia e até deveria agir dessa forma – mas não inflexivelmente. Quando o poder estiver em risco, será imperativo que passe a agir da forma oposta. O príncipe que proceder sempre conforme a moral pessoal não conseguirá segurar-se no poder nem manter o principado a salvo. Não será, em suma, "bom". A moral do poder tem suas peculiaridades, segundo Maquiavel, porque a natureza humana não é bondosa, mesmo a moral pessoal pregando o contrário. As pessoas são naturalmente "más" – cruéis, egoístas, interesseiras, volúveis e desonestas – e sempre estarão dispostas a apoiar um golpe para derrubar o príncipe se forem suficientes os benefícios que o conspirador prometer-lhes. Quando a paz da comunidade e o poder estão em jogo, atitudes atentatórias à moral pessoal tornam-se compulsórias. "Que o príncipe não se afaste do bem se puder, mas saiba entrar no mal se necessário", ensina Maquiavel. Quando o objetivo é assegurar a integridade do Estado, qualquer instrumento é aceito, inclusive os mais pérfidos. Esse é o vale-tudo do mundo do poder.

O mais provável é que o famigerado lema maquiavélico "o fim justifica os meios", que não é da autoria de Maquiavel com essas exatas palavras, tenha surgido como um resumo popular da seguinte passagem de *O Príncipe*:

> *Nas ações de todos os homens, principalmente nas dos príncipes, em que não existe tribunal ao qual recorrer, importa o fim. Trate, pois, o príncipe de vencer e conservar o poder. Os meios serão sempre julgados honrosos e louvados por todos, porque o vulgo sempre se deixa levar pela aparência e pelo resultado das coisas.*

E no mundo só existe o vulgo, e a minoria não tem lugar quando a maioria tem onde se apoiar.

(*O Príncipe*, cap. 18)

Por defender que o governante deveria ser guiado por um tipo excepcional de moral, Nicolau Maquiavel desafiou os arraigados valores cristãos que vinham da Europa medieval. Em 1559, *O Príncipe* caiu no *Index Librorum Prohibitorum*, a lista dos livros proibidos pela Igreja Católica. Foi nesse momento que suas ideias foram distorcidas e sua obra passou a ser vista, de forma equivocada, como um manual para os tiranos que querem oprimir e aterrorizar o povo. Maquiavel jamais conseguiria se desvencilhar da pecha de "pensador maldito". A visão deformada se cristalizou com o adjetivo "maquiavélico", que aparece nos dicionários como sinônimo de "ardiloso, pérfido, possuidor de mente treinada em arquitetar friamente atos de má-fé".* Quando o livro *O Príncipe* foi queimado na fogueira santa, Maquiavel já havia morrido. Se estivesse vivo, talvez não se importasse com isso. Em sua avaliação, o cristianismo era, sim, pernicioso para os príncipes. Ele culpava a moral cristã pela desgraça do grandioso Império Romano. Quando a religião dos cristãos deixou de ser reprimida e foi assimilada por Roma, segundo Maquiavel, ela anestesiou a agressividade dos imperadores, deixando-os indolentes, o que abriu caminho para que os inimigos liquidassem sem maiores dificuldades a grande potência da Antiguidade clássica. Como Maquiavel era crítico da religião, à primeira vista causa estranheza que entre seus ídolos figurassem o papa Alexandre VI e seu filho César Bórgia. Não há contradição, pois no exercício do poder pai e filho foram tudo, menos bons samaritanos. O papa se tornou célebre pelas orgias, pelos filhos

---

* Para evitar o sentido pejorativo do adjetivo "maquiavélico", os estudos de ciência política por vezes dão preferência ao termo "maquiaveliano" nas menções ao pensamento político de Nicolau Maquiavel. Neste livro, porém, optou-se pelo adjetivo "maquiavélico", de conhecimento popular. Como esta não é uma obra acadêmica, o jargão foi evitado com o objetivo de descomplicar o texto e deixar a leitura mais fluente.

bastardos e pelos vastos territórios anexados à força ao Vaticano. César Bórgia não ficou para trás.

Nicolau Maquiavel nunca poderia imaginar que *O Príncipe* sobreviveria aos séculos, ganharia o mundo e se transformaria em referência nas universidades e nos gabinetes políticos. Enquanto ele viveu, seu manual do poder não foi lido por quase ninguém. Logo após morrer, contudo, cresceu em notoriedade. Já em 1590, o dramaturgo inglês William Shakespeare citaria o pensador italiano na peça *Henrique* VI. Em 1740, o rei Frederico II, da Prússia, publicaria o ensaio *O Anti-Maquiavel*, em que buscou derrubar os argumentos supostamente tirânicos do intelectual florentino. A intenção de Maquiavel não era atingir o grande público. Ele criou o pequeno livro como um presente para Lourenço II de Médici, o soberano da República de Florença. Foram duas as motivações que fizeram sua pena correr – uma nobre e outra nem tanto. Naquele momento, a Península Itálica estava pulverizada em principados, ducados e repúblicas débeis, que corriam o risco de ser engolidos pelos grandes impérios europeus. Com o livro, Maquiavel quis dar a munição necessária para que Lourenço II se lançasse numa guerra bélica e política e entrasse para a história como o reunificador da Itália. O escritor não tinha sonho maior do que ver o glorioso Império Romano de outrora renascer das cinzas. Para desgosto de Maquiavel, o soberano de Florença não era um sujeito de grandes ambições e fez pouco caso de *O Príncipe*. Por trás do presente, existiam segundas intenções. Com a volta da dinastia dos Médicis ao poder, Maquiavel, que era ligado ao regime anterior, perdeu o emprego público e caiu em desgraça. Pelo mimo dado a Lourenço II, esperava ser reabilitado e recompensado com um novo emprego nas repartições oficiais de Florença. "Se Vossa Magnificência do píncaro de sua altura volver alguma vez os olhos para baixo", escreve ele, sem pudores, na introdução, "perceberá quão imerecidamente tenho suportado grande e contínua maldade do destino."

O Príncipe foi livro de cabeceira de vários líderes dos últimos cinco séculos, como Catarina de Médici, Henrique VIII, Oliver Cromwell, Cristina da Suécia, Luís XIV (o Rei Sol), Otto von Bismarck e Benito Mussolini. Napoleão Bonaparte o releu incontáveis vezes e encheu seu exemplar de anotações. Muitos outros governantes foram influenciados pelo pequeno manual do poder, mas acharam prudente manter a fonte de inspiração em segredo – a dissimulação, aliás, é uma clássica atitude maquiavélica. Dilma Rousseff não fez parte do grupo de pupilos de Maquiavel – pelo menos é o que sugerem a velocidade e a facilidade com que ela foi derrubada do poder. Nas próximas páginas, são reconstituídos os principais movimentos políticos da presidente desde a campanha pela reeleição até o impeachment. Como se verá, ela insistiu em fazer tudo à sua maneira e não obedeceu às orientações previstas em *O Príncipe*. Em muitos casos, ela chegou a fazer exatamente o oposto daquilo que Maquiavel prescreveu. Não seria absurdo pensar que ela poderia ter escapado do impeachment se tivesse conhecido e executado as velhas instruções maquiavélicas. Oportunidades não faltaram. Quando Dilma ainda governava, a biblioteca do Palácio do Planalto, localizada a poucos metros de seu gabinete, tinha nada menos do que seis exemplares de *O Príncipe* disponíveis para empréstimo.

MANDAMENTO 1

Não cumpras as tuas promessas

Ao entrar na disputa eleitoral de 2014, a presidente Rousseff, do PT, encontrou no ringue dez candidatos dispostos a tomar seu lugar no Palácio do Planalto. Apesar da profusão de postulantes, apenas Aécio Neves, do Partido da Social Democracia Brasileira (PSDB), e Marina Silva, do Partido Socialista Brasileiro (PSB), se apresentaram como os únicos verdadeiramente capazes de ameaçar os planos de reeleição da presidente. Os oito políticos restantes ficaram relegados ao posto de nanicos. Dilma dirigiu toda a sua munição apenas aos dois adversários perigosos, para roubar-lhes votos. Os termos "roubar", que se refere a crime, e "munição", a guerra, não chegam a ser um exagero. Da parte da postulante petista, o que houve foi uma campanha rasteira, de baixo nível, quase suja. Dilma atribuiu aos oponentes palavras que jamais pronunciaram e planos que talvez nunca cogitaram.

Aécio Neves foi massacrado. Dilma afirmou que o adversário, sendo eleito, transformaria o Brasil em terra arrasada. "Eu não vou combater a inflação com os métodos do senhor, que são desempregar, arrochar o salário e não investir", acusou. Em outro momento, a candidata se contradisse e afirmou que, em vez de combater, Aécio alimentaria a inflação: "Vocês do PSDB sempre gostaram de plantar inflação para colher juros".

As advertências de Dilma se basearam nas dificuldades que o Brasil enfrentara duas décadas antes, nos dois governos de Fernando Henrique Cardoso (1995-1998 e 1999-2002), e davam a entender que elas automaticamente se repetiriam pelo mero fato de Aécio pertencer ao mesmo partido de FHC. Apesar de o PSDB ter uma visão de governo diversa da do PT, é óbvio que não estava entre os planos do candidato tucano assumir a Presidência da República para criar uma legião de desempregados ou encolher o salário dos trabalhadores. As acusações deixaram Aécio exasperado. "A senhora, infelizmente, tem permitido ao Brasil ver a mais baixa campanha de sua história democrática", ele reagiu, num debate transmitido pela TV.

Uma das promessas de Marina Silva foi conceder autonomia plena ao Banco Central. Com a instituição livre das interferências políticas do Palácio do Planalto, os rumos da economia passariam a ser ditados integralmente pelo mercado. Não era nenhuma novidade, pois essa questão vinha sendo debatida exaustivamente dentro e fora do governo por anos a fio. Aproveitando-se do fato de o papel do Banco Central ser um assunto árido demais para o brasileiro médio compreender, Dilma distorceu a promessa de Marina. Na propaganda eleitoral de TV, a campanha petista mostrou uma cena simulada de banqueiros confabulando contra a população. O locutor aterrorizava ao descrever o que aconteceria se o Banco Central se tornasse autônomo: "Isso significaria entregar aos banqueiros um grande poder de decisão sobre a sua vida e a de sua família: os juros que você paga, seu emprego, os preços e até os salários. Ou seja, os bancos assumem um poder que é do presidente e do Congresso, eleitos pelo povo. Você quer dar a eles esse poder?". A encenação se encerrava com um dramalhão: uma família sentada à mesa de jantar via a comida sumir dos pratos por obra dos banqueiros de Marina.

Dilma Rousseff disparou esse mesmo tiro mais de uma vez. Quando Marina se defendeu explicando que a sua proposta para o Banco Central não era nada daquilo, a presidente rebateu: "Eu não tenho banqueiro me apoiando. Eu não tenho banqueiro me sustentando". Foi uma referência nada sutil a uma das coordenadoras da campanha de Marina: Neca Setubal, herdeira do Itaú e irmã do presidente do banco, Roberto Setubal. Para Dilma, não havia como negar: Neca também era banqueira – uma capitalista capaz de tudo para abocanhar o dinheiro dos correntistas, na versão disseminada pelo PT. Foi outro golpe desleal da campanha petista. Apesar da vinculação com o banco, Neca jamais participara diretamente dos negócios do Itaú. Ela se dedicava a projetos sociais. Dilma se agarrou ao poderoso sobrenome de Neca e conseguiu colar em Marina o rótulo de candidata oficial dos banqueiros.

Na violenta investida, Dilma Rousseff advertiu os eleitores que o partido de Marina Silva contava com apenas 33 deputados na Câmara, muito aquém do mínimo de 129 votos para a aprovação de um simples projeto de lei. "Como é que você acha que ela vai conseguir esse apoio sem fazer acordos? E será que ela quer? Será que ela tem jeito para negociar?", perguntou o locutor na propaganda petista na TV. "Duas vezes na nossa história, o Brasil elegeu salvadores da pátria, chefes de partido do eu sozinho, e a gente sabe como isso acabou", ele continuou, enquanto surgiam na tela Jânio Quadros, que renunciou em 1961, e Fernando Collor, que sofreu impeachment em 1992. Dilma tentou convencer os eleitores de que quem seria abatido pelo impeachment e não concluiria o mandato presidencial era Marina.

A campanha de Dilma Rousseff não se fez só de ataques. A presidente, claro, também ofereceu muitas promessas eleitorais, embora pecassem pela obviedade e pelo superficialismo. Orientada pelo célebre marqueteiro João Santana, que havia conduzido as campanhas presidenciais vitoriosas do PT em 2006 e 2010, ela desfiou medidas populistas e de fácil assimilação pelo eleitor. De acordo com a presidente, o governo só continuaria generosamente custeando os programas assistenciais criados pelas gestões do PT – como o Bolsa Família, o Mais Médicos e o Minha Casa Minha Vida – se ela permanecesse no poder.

"Medidas impopulares podem significar cortes na educação, na saúde e em programas sociais, exatamente o contrário do que o Brasil precisa", disse. Na área social, Dilma deu ênfase ao ensino público. "A educação é e será cada vez mais a nossa prioridade", prometeu. Com todas essas juras, a presidente disse exatamente aquilo que os brasileiros gostariam de ouvir, em especial a imensa classe mais pobre.

Saiu tudo dentro dos conformes. Ao detonar os adversários e oferecer promessas eleitorais aparentemente fáceis de ser cumpridas, Dilma Rousseff conseguiu se reeleger presidente da República. Em 5 de outubro de 2014, ela recebeu 41,6% dos votos válidos, ficando à frente de Aécio (33,5%) e Marina (21,3%). A eleição precisou ser levada para a prorrogação. No segundo turno, em 26 de outubro, ela se sagrou vencedora, com 51,6% dos votos, enterrando os sonhos presidenciais de Aécio (48,4%). Dilma ganhava o direito de continuar dando as cartas no Brasil por outros quatro anos. À primeira vista, não havia como errar. Bastaria continuar tocando o barco pelas mesmas águas dos quatro anos anteriores. Era tão somente isso o que esperava o eleitorado que a reelegeu. O barco, entretanto, tomou um rumo bem diferente. Para espanto e desespero do país, a Dilma reeleita fez exatamente o inverso daquilo que a Dilma candidata havia prometido. Foi como se o país sofresse uma repentina e violenta guinada de 180 graus.

"Vocês do PSDB sempre gostaram de plantar inflação para colher juros." A crítica que Dilma direcionara a Aécio teria sido perfeita se os papéis estivessem invertidos, sendo a provocação pronunciada pelo candidato tucano contra a presidente. As mãos de Dilma, uma vez reeleita, deixaram cair as rédeas da inflação, que desembestou morro acima. O país, já desacostumado com preços subindo a taxas anuais de dois dígitos, ficou chocado ao constatar que o Índice Nacional de Preços ao Consumidor Amplo (IPCA) fechou 2015, o primeiro ano do governo Dilma 2, em 10,7%. Nos anos anteriores, a inflação havia ficado na confortável casa dos 6%. De repente, tudo ficou muito mais caro. Dos tantos indicadores de inflação que existem, o IPCA é um dos mais fidedignos, pois considera os preços que o cidadão comum paga na alimentação, no transporte, na saúde e na educação. Não se via um IPCA tão alto desde 2002. Quanto aos juros, a taxa básica fixada pelo Banco Central sofreu um aumento apenas três dias depois da reeleição. Foi o primeiro sinal público de que, na verdade, Dilma não vinha sendo tão zelosa assim com as finanças do governo. Durante o período eleitoral, os juros oficiais haviam ficado estacionados em 11% anuais. No primeiro aumento, em outubro de 2014, passaram para 11,25%. Continuaram em direção ao alto, chegando a 14,25% em outubro de 2015. O aumento dos juros fixados pelo Banco Central é usado pelo governo como instrumento de controle da inflação. Mas há efeitos colaterais. O reajuste é prejudicial tanto para o próprio governo, pois deixa a dívida pública mais cara, quanto para a população, porque puxa para cima os juros cobrados pelos bancos e pelo comércio, o que a força a consumir menos.

"Eu não vou combater a inflação com os métodos do senhor, que são desempregar, arrochar o salário e não investir." Também essas palavras de Dilma Rousseff ficariam mais apropriadas na boca de Aécio Neves. A presidente fez rolar uma bola de neve cruel. Com a inflação nas alturas, as pessoas passaram a comprar menos e deixaram em apuros a indústria, o comércio e os serviços. Aos empresários restou baixar salários, demitir funcionários ou simplesmente fechar as portas. A economia saltou no precipício da recessão. Entre maio de 2014, no governo Dilma 1, e maio de 2016, no governo Dilma 2, o número de brasileiros na fila do emprego saltou de 6,8 milhões (índice de 7%) para 11,4 milhões (11,2%). O salário médio dos que conseguiram permanecer empregados encolheu de R$ 2 067 para R$ 2 004 no mesmo período. Incluída a inflação galopante nessa equação, foi um baque e tanto no poder de compra da população.

Como se não bastasse, as contas do governo foram parar no vermelho. Dada a atrofia da atividade econômica, por tabela minguaram os impostos que sustentavam o funcionamento do governo e os programas públicos. A arrecadação despencou também em razão da queda do preço internacional das principais matérias-primas de exportação do Brasil, como o minério de ferro, o petróleo e a soja. A riqueza gerada pelo intenso comércio desses produtos *in natura* havia sido decisiva para a bonança nacional iniciada nos governos Lula e em alguma medida sustentada no governo Dilma 1. Em 2015, a receita federal somou R$ 1,27 trilhão – R$ 100 bilhões menor do que a arrecadação de 2013. Com os cofres federais vazios, a presidente viu-se obrigada a caçar despesas que pudessem ser eliminadas ou pelo menos reduzidas. Ao contrário do que ela havia prometido, diversas políticas de amparo social foram levadas para a guilhotina. Tome-se como exemplo a área da educação, apregoada durante a campanha eleitoral como a prioridade das prioridades e reafirmada como tal no dia inaugural do governo Dilma 2, quando a presidente lançou o slogan "Brasil, pátria educadora". O mundo educacional foi bombardeado por notícias calamitosas em 2015, todas decorrentes da falta de dinheiro. A promessa de se abrirem 12 milhões de vagas nos cursos profissionalizantes do Programa Nacional de Acesso ao Ensino Técnico e Emprego (Pronatec) ficou no papel. A presidente enxugou a meta para 5 milhões de vagas abertas ao longo do governo Dilma 2. O Fundo de Financiamento Estudantil (Fies) também não escapou. O Ministério da Educação, com exigências mais rígidas, praticamente fechou a porta para os novos universitários que pretendiam participar do programa, que concedia empréstimos subsidiados para o pagamento das mensalidades em faculdades privadas. Até então, os estudantes tinham muito mais facilidades para obter o financiamento. O programa Ciência sem Fronteiras também foi congelado. O governo parou de mandar universitários e pós-graduandos para temporadas de estudos no exterior. O programa apenas continuou custeando bolsistas que já estavam estudando fora do país. Além de tudo isso, os professores das universidades federais entraram em greve por melhores salários. Os alunos ficaram cinco meses sem aula.

"Eu não tenho banqueiro me apoiando. Eu não tenho banqueiro me sustentando." A alegada alergia de Dilma Rousseff aos bancos, demonstrada nas caneladas dadas em Marina Silva, de imediato se revelou farsesca. Para o governo Dilma 2, a presidente decidiu convidar justamente um banqueiro para conduzir o Ministério da Fazenda, o braço do governo que tem o maior peso na condução da economia do país. A ala mais esquerdista do PT, alicerçada nos sindicatos, no movimento estudantil, nos sem-terra e nos sem-teto, ficou encolerizada. Para esse grupo, a escolha de um neoliberal convicto, mais afinado com a ideologia do PSDB do que com a do PT, sinalizava que a política econômica passaria a se preocupar mais com o mercado e menos com o bem-estar social. Inicialmente, o escolhido foi Luiz Carlos Trabuco, presidente do Bradesco, o segundo maior banco privado do Brasil. Ele, entretanto, recusou a missão. Dilma, então, redirecionou o convite para outro chefão do mesmo Bradesco, Joaquim Levy, que ocupava o posto de diretor-superintendente. Levy topou tornar-se ministro da Fazenda. A surpreendente escalação se explicava. Como já indicava a subida da taxa básica de juros, as contas públicas realmente estavam em frangalhos. Dilma havia arrecadado de menos e gastado demais. Diante do resultado dessa equação, não havia nada mais sensato do que pedir socorro a um neoliberal para conduzir o saneamento das finanças do governo e colocar o trem de novo nos trilhos. Levy, além disso, havia sido secretário do Tesouro Nacional no governo Lula e ocupado cargos importantes nos ministérios da Fazenda e do Planejamento no governo Fernando Henrique Cardoso.

Diante de uma presidente reeleita tão diferente da candidata, o oposição saiu a público acusando Dilma Rousseff de cometer estelionato eleitoral. Estelionatário, de acordo com o artigo 171 do Código Penal, é o criminoso que induz uma pessoa ao erro com o propósito de obter alguma vantagem ilícita em cima dela. Trata-se de uma metáfora, pois a legislação criminal não contempla um delito chamado estelionato eleitoral. Dilma, segundo a oposição, abusou da boa-fé dos brasileiros e mentiu para não perder a cadeira presidencial. Segundo Nicolau Maquiavel, não há nada de errado nisso.

> *Todos compreendem como é louvável que o príncipe mantenha a palavra dada e viva com integridade. No entanto, o príncipe prudente não pode nem deve cumprir a palavra quando esse cumprimento prejudicá-lo ou quando desaparecerem os motivos que o fizeram prometer. Se os homens fossem todos bons, esse preceito seria mau. Porém, como os homens são maus e não observariam esse preceito em relação a ti, tu não deves observá-lo em relação a eles. Jamais faltaram motivos legítimos ao príncipe para dissimular a inobservância da promessa.*
>
> (*O Príncipe*, cap. 18)

De acordo com Maquiavel, o governante que deseja ganhar respeito precisa, sim, honrar seus compromissos públicos, mas isso não pode se transformar numa regra absoluta. Ele precisará abandonar as promessas toda vez que o cumprimento delas tiver potencial para enfraquecê-lo e derrubá-lo do trono. A presidente sabia logo de saída que seria obrigada a lançar mão de inúmeras medidas impopulares no governo Dilma 2, mas maquiavelicamente concluiu que, para ter sucesso eleitoral, não poderia revelá-las durante a campanha. Se Dilma tivesse sido sincera, uma parcela considerável dos eleitores jamais teria lhe confiado o voto. Quem em sã consciência deseja que a inflação saia do controle, o desemprego vá às alturas e o país afunde numa recessão? Seria um tiro no pé.

Em *O Príncipe*, Nicolau Maquiavel ensina que, para vencer, o governante precisa ser "um grande simulador e dissimulador". Ele explica: "Os homens são tão ingênuos e obedecem tanto às necessidades presentes, que aquele que engana encontrará sempre quem se deixe enganar". Dilma Rousseff lançou mão da estratégia maquiavélica de ter duas caras. Não tivesse simulado e dissimulado durante a campanha eleitoral, não teria conseguido se reeleger. A vitória, afinal, não foi de lavada. Longe disso, foi bastante apertada. No segundo turno, a presidente venceu por uma margem de apenas 3,5 milhões de votos. Se todos os 5,2 milhões de eleitores que anularam o voto tivessem optado por Aécio, teria sido ele o eleito. Dilma atingiu a menor porcentagem entre todos os presidentes eleitos pelo voto direto desde os anos 1980. Os 51,6% que obteve em 2014 ficaram abaixo dos índices dela própria em 2010 (56%), de Luiz Inácio Lula da Silva em 2006 e 2002 (acima de 60% nos dois anos), de Fernando Henrique Cardoso em 1998 e 1994 (superiores a 53%) e de Fernando Collor em 1989 (53%). Dilma fez um jogo sujo na disputa eleitoral? Sim, fez. Mas, para Maquiavel, o jogo sujo em certas situações não é apenas compreensível – é obrigatório. Afinal de contas, o que importa é o poder. Com o passar do tempo, no entanto, as coisas acabariam dando errado. E não por culpa de Maquiavel. O problema foi que a dose de simulação e dissimulação foi absurdamente alta e o que era para ser remédio acabou se transformando em veneno. A presidente não descumpriu somente uma ou duas promessas eleitorais. Descumpriu todas. E não apenas deixou de cumprir a sua palavra. Cumpriu-a exatamente às avessas. Foi uma rasteira violenta demais para a população engolir. No primeiro momento, o mandamento maquiavélico surtiu efeito, pois a presidente salvou o trono, mas o exagero a longo prazo anularia todos os efeitos positivos e conduziria Dilma à ruína. Conselho maquiavélico obedecido pela metade, na verdade, é o mesmo que conselho não obedecido. Por ironia, a assustadora advertência que ela fizera sobre o risco de Marina Silva sofrer impeachment acabaria se voltando contra si própria.

MANDAMENTO 2

Anuncia tu as boas notícias e incumbe outros de anunciar as más

Foi quilométrico o rosário de promessas eleitorais que a presidente Dilma Rousseff desfiou tendo consciência de que eram inexequíveis. Em cima do palanque, ela prometeu que os preços da energia elétrica e da gasolina, que são controlados pelo governo, não sofreriam uma disparada caso os brasileiros decidissem mantê-la no Palácio do Planalto. "Um compromisso que eu assumo com vocês: não vai haver tarifaço", afirmou. A presidente candidata também mencionou os direitos trabalhistas, que, segundo ela, eram sagrados: "Eu não mudo direitos na legislação trabalhista: lei de férias, décimo-terceiro salário, fundo de garantia, hora extra". E logo em seguida acentuou o compromisso eleitoral com uma arcaica metáfora bovina: "Eu não mudo a legislação trabalhista nem que a vaca tussa".

E não é que a vaca tossiu? Dilma Rousseff, a mesma que na luta pela reeleição tanto repudiara o "tarifaço", pouquíssimo tempo depois da vitória eleitoral autorizou uma disparada dos preços da gasolina e da energia elétrica. No Distrito Federal, por exemplo, o preço médio do litro do combustível nas bombas havia se mantido estável na casa dos R$ 3 durante boa parte do ano eleitoral de 2014. Passado o segundo turno, a gasolina começou a encarecer em todo o país e não parou mais. No início de 2016, no Distrito Federal já se pagavam R$ 4 por litro. No governo Dilma 2, a presidente permitiu que as empresas de eletricidade aplicassem reajustes extraordinários a suas tarifas. Só nos três primeiros meses de 2015, o aumento médio chegou a 36%. Para completar, o governo ainda veio logo em janeiro com a novidade das bandeiras tarifárias. Quando as condições de geração de eletricidade ficassem desfavoráveis – por causa da falta de chuva nos reservatórios das usinas hidrelétricas, exigindo-se o acionamento das caras termelétricas –, seria o momento de bandeira amarela ou, numa situação ainda mais grave, de bandeira vermelha. Nesses casos, seria aplicada uma taxa extra à já pesada conta de luz. As famílias só ficariam livres da cobrança suplementar quando fosse período de bandeira verde. Em 2015, o Brasil viveu permanentemente sob bandeira vermelha. A gasolina e a luz – itens de primeira necessidade – alimentaram a inflação.

Nem os direitos trabalhistas foram poupados. Em dezembro de 2014, antes mesmo do início do governo Dilma 2, a presidente assinou duas medidas provisórias que dificultaram a vida de quem pleiteava algum destes cinco benefícios: seguro-desemprego, auxílio-doença, pensão por morte, abono salarial (bônus pago de tempos em tempos aos trabalhadores com os salários mais baixos) e seguro-defeso (benefício concedido aos pequenos pescadores nos meses em que a pesca fica proibida para permitir a reprodução dos peixes). Até então, o trabalhador que era demitido fazia jus ao dinheiro providencial do seguro-desemprego se tivesse passado os seis meses anteriores empregado com carteira assinada. Com a mudança, o período mínimo exigido aumentou para 12 meses de trabalho ao longo dos 18 meses anteriores. Isto é, menos pessoas conseguiriam se enquadrar nas exigências do seguro-desemprego. Como queria, o governo passou a fazer menos desembolsos com o benefício trabalhista. Em outras palavras: a presidente eleita e reeleita pelo Partido dos Trabalhadores decidiu fazer economia à custa do trabalhador.

A QUEDA DE DILMA

Quem fez as promessas de paraíso foi a própria Dilma Rousseff, na condição de presidente candidata. Passada a eleição, na hora de avisar ao país que não era nada daquilo e que a realidade seria dura, a presidente ficou muda. Ela terceirizou o anúncio de todas as medidas impopulares. Da boca de Dilma, não se ouviu má notícia nenhuma. No dia em que tomou posse como ministro do Planejamento, Nelson Barbosa adiantou que o governo faria "ajustes" que teriam "impactos restritivos no curto prazo". O novo ministro da Fazenda, Joaquim Levy, foi na mesma linha: "Possíveis ajustes em alguns tributos serão também considerados". Os porta-vozes recrutados por Dilma para preparar o caminho para as medidas amargas gostavam de eufemismos.

O Brasil foi avisado do aumento da gasolina em novembro de 2014, poucos dias depois do segundo turno, por meio de um comunicado técnico da Petrobras. Os repórteres até tentaram arrancar alguma declaração mais incisiva da presidente da estatal petrolífera, Graça Foster, mas ela deu um jeito de se esquivar: "Aumento não se divulga. Aumento se pratica". Quanto aos cortes nos benefícios trabalhistas, sobrou para o ministro da Casa Civil, Aloizio Mercadante, tornar públicos em dezembro os planos do governo. Segundo ele, a ideia era corrigir distorções. "Se não fizermos essas alterações, as futuras gerações pagarão um preço muito alto", justificou. Em fevereiro de 2015, o governo reajustou o valor das bandeiras tarifárias de energia elétrica, apenas um mês depois de terem sido criadas. O aumento foi discretamente divulgado pela Agência Nacional de Energia Elétrica (Aneel). Poucos dias antes, os jornalistas haviam pedido ao ministro de Minas de Energia, Eduardo Braga, que adiantasse os números, mas ele também saiu pela tangente: "Isso é papel da Aneel. Não quero fazer especulação sobre números". O mês inaugural do governo Dilma 2, definitivamente, foi feito só de notícias desagradáveis. Logo em janeiro, o ministro Joaquim Levy foi o mensageiro de um doloroso pacote que aumentou de uma só tacada a fatia dos impostos cobrados nos empréstimos bancários, incluindo o cheque especial e o rotativo do cartão de crédito, nas compras parceladas no comércio, nos combustíveis e nos produtos importados. Não escaparam do endurecimento da tributação nem mesmo os produtos de beleza, como batons, alisadores de cabelo e perfumes. Nos bastidores, foi Dilma quem deu aos subordinados todas as orientações sobre a gasolina, a luz, os benefícios trabalhistas e o pacote tributário. Em público, ao contrário, a presidente optou por não dar um pio sequer. O que ela fez foi seguir uma estratégia ensinada por Nicolau Maquiavel.

> *Os príncipes devem entregar aos outros as tarefas mais ingratas, as penas, mas a eles próprios deverão caber as missões de conceder benefícios.*
>
> (*O Príncipe*, cap. 19)

Quieta em seu canto, Dilma Rousseff dava a entender ao grosso da população que ela não tinha absolutamente nada a ver com as medidas que tornavam a vida do país mais penosa. Decisão acertada, na visão de Maquiavel. Assim, ela blindava a própria imagem e, por tabela, o mandato. A presidente esperava que, ao menos no momento inicial, aquele do susto e da ira popular, os brasileiros não a identificassem como a autora das maldades. A expectativa era que em pouco tempo eles digerissem as más notícias e estivessem acostumados às novas dificuldades. Não há dúvida de que a parcela mais esclarecida da população entendia que Dilma, extremamente centralizadora, jamais autorizaria um ministro a fazer por decisão própria qualquer anúncio que fosse, sem pormenorizadas orientações do Palácio do Planalto. Mas isso pouco importava, uma vez que essa era uma parcela reduzida da população. Aécio Neves, o candidato derrotado, percebeu a estratégia e buscou jogá-la contra Dilma: "As medidas de ajuste estão sendo anunciadas pela equipe econômica, e não pela presidente, que deveria ter a responsabilidade de fazê-lo. Tem-se a impressão de que ela não está muito convicta das propostas e que a qualquer momento pode desautorizá-las".[1]

A queda de Dilma

Mas o que aconteceu para o governo repentinamente resolver encarecer a gasolina e a luz, cortar benefícios dos trabalhadores e elevar impostos? A resposta está na disputa presidencial. Em 2014, a presidente Dilma Rousseff já sabia que os cofres públicos estavam vazios, mas, em vez de pisar no freio, como manda a lógica da contabilidade financeira, o que ela fez foi pisar no acelerador dos gastos. Passou a desembolsar um dinheiro que ela não tinha. O descontrole financeiro foi proposital porque, estando num ano eleitoral, Dilma não podia tomar medidas impopulares, mas sim devia afagar o eleitorado. Para tal, precisava dispor de verbas para gastar. Por um lado, ela segurou na marra o preço do combustível e da energia elétrica, o que foi feito à custa de polpudos subsídios federais e também do caixa da Petrobras e da Eletrobras. Por outro lado, ela investiu forte nas políticas públicas de maior apelo popular, como os empréstimos universitários do Fies e os cursos profissionalizantes do Pronatec. Investiu forte até demais. De 2012 para 2014, o orçamento do Fies saltou de R$ 4,5 bilhões para R$ 13,7 bilhões e a quantidade de estudantes no Pronatec subiu de 1,6 milhão para 3 milhões. Grande parte dos alunos beneficiados, em agradecimento, certamente deu seu voto à generosa presidente. Isso quer dizer que as contas federais não foram parar no vermelho apenas por causa da queda na arrecadação de impostos. A própria Dilma contribuiu para que a situação fiscal ficasse calamitosa.

Durante o período eleitoral, o país viveu uma fantasia. As contas do governo estavam no vermelho, mas tudo parecia correr às mil maravilhas. Depois da votação de outubro de 2014, veio a realidade. As finanças federais estavam em ruínas. Reeleita, a presidente da República correu para tentar consertar o estrago, sob o risco de não ter recursos financeiros suficientes para custear o governo Dilma 2. Ao cortar os subsídios da gasolina e da luz, limitar os benefícios trabalhistas e aumentar os impostos até dos produtos de beleza, a presidente buscou desesperadamente colocar as contas federais de novo no azul, com menos gastos e mais arrecadação. Dilma, porém, decidiu que não cortaria na própria carne. No lugar de enxugar a inchada máquina pública, por exemplo, ela preferiu fazer economia sacrificando a população. É certo que boa parte dessas medidas era de fato necessária, mas deveriam ter sido adotadas pouco a pouco, sem grandes choques. Foi como se o psiquiatra tivesse mantido o antidepressivo do paciente por tempo demais e de repente o cortasse abruptamente, sem o necessário "desmame", baixando a dose de forma gradual. Em casos assim, a síndrome de abstinência é inevitável.

Dilma Rousseff sabia que, na hipótese de haver algum benefício novo a ser dado ao país em meio a tanta calamidade, ela própria teria de ser a mensageira. Bastava olhar para trás. Em janeiro de 2013, no governo Dilma 1, a presidente havia convocado rede nacional de rádio e TV para falar sobre as novas tarifas da energia elétrica. "Queridas brasileiras e queridos brasileiros", começou ela, vestindo um blazer vermelho-PT e mostrando um sorriso de orelha a orelha. "Acabo de assinar o ato que coloca em vigor uma forte redução na conta de luz de todos os brasileiros. Além de estarmos antecipando a entrada em vigor das novas tarifas, estamos dando um índice de redução maior do que o previsto. A conta de luz das famílias brasileiras vai ficar 18% mais barata. É a primeira vez que isso ocorre no Brasil." Exatos dois anos depois, não houve redução da tarifa de energia elétrica, anúncio presidencial e muito menos sorriso no rosto. Esse foi o problema. No governo Dilma 2, ela agiu acertadamente ao delegar a outros o anúncio das desgraças, mas não conseguiu colher todos os frutos do estratagema maquiavélico porque sua boca não anunciou nenhuma dádiva para os brasileiros. Dilma Rousseff, apesar de aparentar conhecer o mandamento, não o seguiu integralmente. Conselho maquiavélico cumprido pela metade, de novo, é o mesmo que conselho não cumprido. Maquiavel ficaria preocupado.

MANDAMENTO 3

Não demores para resolver os problemas, pois podem ficar grandes demais e se tornar insolúveis

Em 2015, no abrir das cortinas do governo Dilma 2, uma figura até então discreta e praticamente desconhecida foi catapultada ao estrelato da política nacional. Tratava-se do deputado federal Eduardo Cunha, (PMDB-RJ). Eleito presidente da Câmara dos Deputados, ele exerceu o cargo com um poder excepcional de manobrar os parlamentares e impôs a Dilma derrotas em série nas votações no Congresso Nacional. Ele foi ainda mais longe. No comando da Câmara, Cunha tornou-se o grande carrasco da presidenta da República, sendo aquele que a conduziu lentamente até o cadafalso do impeachment.

Apesar de ser desconhecido do grande público, Eduardo Cunha já tinha uma carreira política sólida quando se tornou presidente da Câmara. O deputado foi apresentado às entranhas do poder no final da década de 1980 pelo tesoureiro da candidatura de Fernando Collor à Presidência da República pelo Partido da Renovação Nacional (PRN), o famigerado Paulo César Farias. PC Farias o incumbiu de cuidar das finanças da campanha *collorida* no estado do Rio de Janeiro. Atribui-se a Cunha a descoberta da irregularidade no registro de Silvio Santos (PMB) que tiraria o apresentador televisivo da disputa presidencial no momento em que ele despontava como um candidato perigoso.[2] Com a vitória de Collor, Cunha ganhou uma recompensa: a presidência da Telerj, a empresa estatal fluminense de telefonia. Em razão do cargo, ganhou musculatura política. Após o impeachment de Collor e a decadência do PRN, Cunha pulou para o Partido Progressista Brasileiro (PPB), partido pelo qual se candidatou a deputado estadual em 1998. Os votos não o levaram de imediato para a Assembleia Legislativa do Rio de Janeiro, mas foram suficientes para garantir-lhe a suplência. Nesse período, caiu nas graças do governador Anthony Garotinho. Na virada dos anos 1990 para os anos 2000, durante a gestão Garotinho, Cunha foi nomeado subsecretário estadual de Habitação e depois presidente da Cehab, a estatal dedicada à construção de moradias populares. Ele teve que renunciar à Cehab por causa de denúncias de improbidade administrativa e superfaturamento. Cunha foi levado aos tribunais, mas o caso acabou sendo arquivado. O réu fez uso de tantos recursos que o processo caducou sem ser julgado em definitivo.[3] Em 2001, seu padrinho Garotinho decidiu puxar um deputado estadual do PPB para o governo, o que fez a fila andar e possibilitou ao suplente Cunha finalmente ocupar uma cadeira na Assembleia Legislativa. Nessa época, ele apresentava um programa diário na rádio evangélica local Melodia FM. Em 2002, graças ao compadrio de Garotinho e à popularidade entre os evangélicos, Cunha foi eleito deputado federal pela primeira vez. Transferido para o PMDB, venceu todas as três disputas pela reeleição, em 2006, 2010 e 2014, angariando cada vez mais votos.

Em Brasília, Eduardo Cunha tornou-se um dos deputados mais aguerridos da reacionária bancada evangélica, militando na Câmara contra a liberação do aborto, da maconha e do casamento entre pessoas do mesmo sexo. Dos projetos de lei que apresentou, o mais esdrúxulo foi o que incluía no calendário de festas oficiais do país o Dia do Orgulho Heterossexual. No entanto, mais que religioso e moralista, o deputado foi um político pragmático e astuto. A forte influência sobre os colegas do baixo clero o alçou ao posto de líder do PMDB na Câmara no período 2013-14. Mas suas ambições não diminuíram. A meta seguinte seria tornar-se nada menos que presidente da Câmara dos Deputados, o que significava ser o chefe de um dos braços do Poder Legislativo e o segundo homem na linha sucessória da Presidência da República. Meta traçada, meta obsessivamente perseguida, meta alcançada.

Reeleita, Dilma Rousseff escolheu como prioridade influenciar os deputados federais a aclamar para o período 2015-16 um presidente da Câmara afinado com o governo e empenhado em aprovar os projetos de lei da conveniência do Palácio do Planalto. O deputado a ser escolhido, definitivamente, não era Eduardo Cunha.

O deputado estava aninhado no Partido do Movimento Democrático Brasileiro, uma agremiação política refratária a ideologias. Oficialmente, o PMDB repousava no centro, mas se permitia uma folga para alongar-se tanto para a direita quanto para a esquerda, a depender da conveniência. Era o exemplo cabal de "partido-ônibus": abria a porta para embarcar todo tipo de político, sem fazer grandes exigências. Por não empunhar nenhuma bandeira, o partido tampouco exigia coerência dos filiados. Assim, acabou abrigando políticos de perfis muito sortidos e por vezes conflitantes. É por isso que o PMDB sempre se dividiu entre uma ala governista e outra oposicionista. Oficialmente, o partido gostava de descrever esse comportamento como sinal de respeito pela democracia. A falta de ideologia tem a ver com as origens. A sigla nasceu como Movimento Democrático Brasileiro (MDB) em 1966, após a ditadura militar decretar a extinção de todos os partidos, permitindo apenas a existência de dois. O governista era a Aliança Renovadora Nacional (Arena); o oposicionista, o MDB. Como não havia outras opções, todos os adversários dos militares – dos conservadores aos esquerdistas – tiveram que se abrigar no

MDB. O único ponto que tinham em comum era a aversão à ditadura. O Partido dos Trabalhadores deriva de uma costela do velho partido oposicionista. O PT surgiria em 1980 a partir da convergência de interesses de militantes sociais (sindicalistas em especial), de intelectuais e também de políticos egressos do MDB. Foi um passado glorioso. O fortalecimento paulatino dos emedebistas no Congresso Nacional, ao longo da década de 1970, foi decisivo para a derrocada dos militares. Quando o sonho da democracia finalmente se realizou, em 1985, o partido, já rebatizado de PMDB, perdeu o rumo. Aventurou-se duas vezes na disputa pela Presidência da República, mas os resultados foram vexaminosos: Ulysses Guimarães, em 1989, e Orestes Quércia, em 1994, não chegaram a 5% dos votos válidos. As três vezes em que o PMDB chegou ao Palácio do Planalto foram por via indireta: em 1985, quando a chapa formada por Tancredo Neves e José Sarney venceu a eleição no Colégio Eleitoral; em 1992, quando o vice-presidente Itamar Franco foi promovido após o impeachment de Fernando Collor; e em 2016, quando Michel Temer ocupou o lugar de Dilma Rousseff depois do impeachment. No âmbito nacional, o partido só se deu bem como sócio do governo da vez. Foi o maior fiador tanto do PSDB de Fernando Henrique Cardoso quanto do PT de Luiz Inácio Lula da Silva e Dilma Rousseff. O PT e o PSDB eram como água e óleo: impossíveis de se misturar. Mesmo assim, o PMDB desafiava as leis mais elementares da química e se deixava diluir tanto na água quanto no óleo. Nos contratos não escritos que selou ao ingressar na coalizão dos sucessivos governos, sempre forçou a inclusão de uma cláusula que, como contrapartida, garantiria para si a supremacia no Congresso Nacional. Desde o fim da ditadura, 99% dos presidentes do Senado foram peemedebistas. O contrato vez ou outra incluía a Câmara dos Deputados. O PMDB era, disparado, o maior partido do Brasil em 2016, ano do impeachment de Dilma – com 2,3 milhões de filiados, seguido pelo PT, com 1,5 milhão. O que lhe dava tamanha envergadura não era a centralização, mas sim a pulverização. Se por um lado nunca teve força nacional para eleger um presidente da República pelo voto popular, por outro sempre se deu muito bem nas eleições estaduais e municipais. Sem o ímã de alguma ideologia ou de algum grande líder, o PMDB era uma confederação de caciques locais, cada qual como o dono de sua própria tribo.

O PMDB integrou a ampla coalizão que sustentou Dilma Rousseff desde o primeiro mandato. E ocupou um lugar de destaque nessa sociedade. Tanto foi assim que o vice-presidente da República nos dois mandatos foi o peemedebista Michel Temer. Como não orientava a ideologia de seus políticos, o PMDB sempre fez vista grossa para as sabotagens do deputado Eduardo Cunha contra o governo Dilma 1 – sabotagens, em última instância, contra o governo do próprio PMDB. Como líder peemedebista na Câmara no período 2013-14, o deputado fez de tudo para infernizar a vida da presidente. Inicialmente na ala governista do PMDB, ele depois debandou para a ala oposicionista. Para o deputado, Dilma não dava o protagonismo que o PMDB acreditava merecer no governo – por protagonismo, entendam-se ministérios, cargos e verbas. Numa das rebeliões, Cunha insuflou seus liderados a aprovar de uma só tacada a convocação de dez ministros e da presidente da Petrobras para dar explicações na Câmara sobre acusações de irregularidades. Em outro momento, pregou que seu partido se divorciasse do PT e lançasse um candidato próprio na eleição presidencial de 2018. O político de um partido da base governista se comportava como se pertencesse à mais feroz oposição. No entanto, assim como a cúpula do PMDB não lhe deu nem sequer um puxão de orelha, Dilma tampouco se atreveu a declarar guerra contra o deputado. Afinal, ele era o líder da segunda maior tropa da Câmara dos Deputados, quase tão numerosa quanto a bancada do PT.

Diante da já cambaleante situação econômica do país no final de 2014, que exigiria empenho do Congresso Nacional em 2015 na aprovação de projetos de lei delicados para o governo, a presidente da República tinha claro que precisaria fazer de tudo para impedir a chegada de Cunha à presidência da Câmara. Dilma Rousseff apostou todas as fichas na candidatura do deputado Arlindo Chinaglia (PT-SP), que já havia ocupado o posto no governo de Luiz Inácio Lula da Silva. Os deputados foram às urnas em 1º de fevereiro de 2015, poucas horas depois de tomar posse, e decidiram conduzir justamente Eduardo Cunha ao cargo máximo da casa legislativa. O inimigo número um do governo ganhou de lavada do candidato governista. Nem mesmo houve segundo turno. O petista Chinaglia acabou em segundo lugar, com 136 votos, praticamente a metade dos 267 votos de Cunha. O resultado deixou Dilma assustada. Dias sombrios se anunciavam para ela e seu governo.

A grande culpada pelo revés do Palácio do Planalto foi Dilma Rousseff. No decorrer da disputa pelo comando da Câmara dos Deputados, ela cometeu uma sequência de erros que, no lugar de fortalecer, enfraqueceram a candidatura governista de Chinaglia. Para começar, Dilma demorou demais para bater o martelo sobre o nome que representaria o governo na eleição para a presidência da Câmara. Os novos deputados federais foram eleitos em 5 de outubro de 2014, mas a presidente só começou a se mexer depois de 26 de outubro, data do segundo turno. Até então, ela ficou submersa na campanha presidencial, acreditando que a Câmara poderia esperar. À primeira vista, de fato, não fazia sentido que ela despendesse energia com essa questão quando nem sequer sua própria reeleição estava assegurada. Mas isso só faria sentido se o candidato oposicionista fosse qualquer um, menos Eduardo Cunha.

Sagaz, Cunha mergulhou na disputa pela presidência da Câmara bem na frente do governo. Ele começou a pedir votos antes mesmo da votação em que os eleitores fluminenses lhe deram o novo mandato. O dia 5 de outubro ainda estava longe, e o deputado já negociava com colegas que, assim como ele próprio, estavam com a eleição praticamente garantida. As primeiras notícias sobre as articulações de Cunha saíram nos jornais no início de setembro, quando faltava um mês para as eleições gerais. Como os acertos políticos só chegam aos ouvidos dos jornalistas depois de longas e sigilosas negociações, é de se supor que Eduardo Cunha vinha costurando sua candidatura interna pelo menos desde o início de 2014.

Foi com novembro já em curso que a presidente reeleita saiu à caça de um deputado que topasse concorrer ao comando da Câmara em nome do governo. Foi um parto. O governo sondou incontáveis políticos com o perfil obediente desejado, entre eles Marco Maia (PT-RS) e José Guimarães (PT-CE), mas nenhum aceitou a missão de enfrentar Eduardo Cunha. A Câmara como um todo não estava nada satisfeita com a maneira como Dilma Rousseff vinha tratando o Poder Legislativo. Por um lado, nenhum deputado queria ocupar a principal cadeira da Câmara e ser o para-raios da insatisfação dos colegas. Por outro lado, ninguém desejava se transformar em adversário declarado do agressivo Eduardo Cunha. No fundo, qualquer petista entraria para perder. Era uma missão inglória. Passaram-se semanas até que, em dezembro, Dilma Rousseff por fim ouviu um "sim". O candidato governista seria Arlindo Chinaglia. A presidente, então, precisou conversar com todos os partidos da base governista na Câmara para convencê-los das virtudes do deputado petista. Essas tratativas se arrastaram por uma semana inteira, e a candidatura só pôde ser finalmente oficializada em 17 de dezembro – faltando apenas um mês e meio para a eleição interna da Câmara. Enquanto isso, Cunha já se encontrava quilômetros à frente do governo. Se assistisse às movimentações em câmera lenta de Dilma Rousseff nesse tabuleiro político, Nicolau Maquiavel ficaria incomodado.

> *Os romanos* [em determinado episódio histórico] *fizeram aquilo que todos os príncipes prudentes devem fazer: cuidar não somente das desordens presentes, mas precaver-se das futuras, e empregar todo o seu talento a remediá-las, o que mais facilmente se fará se de longe forem previstas. Ao contrário, se esperares que elas se consumam, o remédio chegará tarde demais, porquanto o mal terá se tornado incurável.*
>
> (*O Príncipe*, cap. 3)

Na visão de Maquiavel, o governante precisa ter o dom de enxergar longe e antecipar-se às adversidades futuras, para não ser pego de calças curtas quando elas chegarem. Possuísse essa habilidade política, Dilma Rousseff teria conseguido notar as primeiras movimentações de Eduardo Cunha e rapidamente agido para anulá-las. Havia muitas estratégias possíveis para que ela obtivesse uma presidência da Câmara dócil. Dilma poderia ter sido mais ágil na escolha do candidato, de preferência ainda no primeiro semestre, para que ele tivesse um tempo razoável para fazer as negociações com os colegas. A presidente também poderia ter abandonado a candidatura própria para a presidência da Câmara e se juntado ao PSDB no apoio ao postulante oficial da oposição, o deputado Júlio Delgado (PSB-MG), que acabou em terceiro lugar. Maquiavel ensina que, quando só há males postos na mesa, o príncipe deve evitar o mal maior e aceitar o mal menor como uma vitória.

> *Não deveria* [César Bórgia] *jamais consentir no papado dos cardeais que ele tivesse prejudicado ou que tivessem medo dele. Porque os homens prejudicam por medo ou por ódio. Entre aqueles que ele tinha prejudicado estavam os cardeais Colonna e Ascânio e os de São Pedro ad Vincula e de São Jorge. Todos os demais, se fossem eleitos, teriam de temê-lo, exceto o de Rouen e os espanhóis. Portanto, o duque deveria, antes de mais nada, trabalhar para eleger um papa espanhol. Não o conseguindo, deveria consentir que fosse o de Rouen, e não o de São Pedro ad Vincula. Engana-se quem crê que, nos grandes personagens, os benefícios novos fazem esquecer as antigas ofensas. Errou, então, o duque* [César Bórgia] *nessa eleição, o que foi causa de sua completa ruína.*
>
> (*O Príncipe*, cap. 7)

Numa jogada ainda mais maquiavélica do que o hipotético apoio à candidatura do deputado Júlio Delgado, Dilma Rousseff poderia ter buscado atrair Eduardo Cunha para dentro do barco governista. Seria uma tarefa difícil, mas não impossível. O peemedebista, por exemplo, abriria mão de disputar a presidência da Câmara em troca de ganhar algum ministério de peso, como o da Saúde ou o da Educação. Outra tática: o líder da bancada do PMDB poderia concorrer à presidência da Câmara contando com o valioso apoio dos deputados do PT desde que se comprometesse, uma vez eleito, a movimentar as engrenagens da Câmara em consonância com as conveniências do Palácio do Planalto. Cunha viraria aliado. Dilma, entretanto, não adotou nenhuma dessas estratégias e, mesmo tendo a possibilidade de escolher um mal menor, permitiu que o mal maior prevalecesse. Cunha, o raivoso adversário do governo, venceu.

Para tornar esse mandamento mais didático, Maquiavel faz uso de uma metáfora. Ele compara o governante a um médico, e o adversário político a uma doença, tomando a tuberculose como ilustração. Nos dias atuais, a imagem de um câncer ficaria mais clara. Se o médico é competente, ele consegue diagnosticar o tumor nos estágios iniciais e prescreve a quimioterapia imediatamente. Assim, o tratamento é relativamente simples, e as chances de o paciente se salvar são altas. Mas, ao contrário, se o médico só descobre o câncer quando ele já está grande demais, o tratamento precisa ser agressivo, à base de remédios e radiações fortes e de cirurgias extirpadoras, e o paciente ainda assim corre o risco de morrer. Dilma Rousseff, para Maquiavel, foi uma médica relapsa: ou não diagnosticou a candidatura de Eduardo Cunha à presidência da Câmara quando ainda estava na etapa embrionária, ou – pior ainda – até conseguiu diagnosticá-la precocemente, mas só decidiu iniciar o tratamento quando o paciente já se encontrava em estado terminal e não havia mais o que fazer.

Atento ao conselho de Maquiavel, Eduardo Cunha teve tempo de sobra para fazer uma campanha eleitoral com chances de se sair bem-sucedido. Ele pôde percorrer o Brasil de norte a sul, negociando tanto com os colegas deputados quanto com os governadores, estes com poder de pressionar as bancadas de seus estados na Câmara. A bordo de um jatinho alugado, o deputado visitou inclusive os estados que contavam com o piso de oito deputados federais, como Rondônia e o Acre.[4] Foi um feito e tanto, uma vez que nem mesmo os candidatos à Presidência da República em 2014 haviam conseguido fazer campanha em todos os estados. Como Dilma Rousseff esnobou o conselho maquiavélico, Arlindo Chinaglia, seu candidato azarão ao comando da Câmara, não teve tempo para nada disso.

MANDAMENTO 4

Convence o povo de que a vida será melhor se o príncipe fores tu

Durante boa parte do governo Dilma 1, a presidente nadou de braçada no Congresso Nacional. Seus projetos de lei foram aprovados com relativa tranquilidade. O deputado federal Eduardo Cunha, líder da bancada do PMDB, lançou pedras no caminho do Palácio do Planalto, dificultando algumas votações na Câmara dos Deputados no final do mandato, mas nada capaz de paralisar o governo. No Senado, a situação foi ainda mais confortável para Dilma. O entrosamento entre o Poder Executivo e o Poder Legislativo é um dos ingredientes básicos para que o governo ande, pois boa parte das políticas públicas traçadas dentro do Palácio do Planalto só sairá do papel se contar com o aval do Congresso Nacional. O presidente do Brasil não governa sozinho.

Desde 1985, após a volta da democracia, a estabilidade política tem se mantido em Brasília graças a uma engrenagem conhecida como presidencialismo de coalizão. Com o fim do bipartidarismo no final da ditadura militar, os partidos à disposição no mercado foram se multiplicando de forma quase descontrolada. Em 2015, no governo Dilma 2, o número chegou ao recorde de 35, sendo o 35º o Partido da Mulher Brasileira

(PMB). Os deputados federais se dividiam entre 28 partidos. Os senadores, entre 16. Num ambiente tão fraturado, é impossível que o partido governista – qualquer que seja ele – consiga por si só dispor de maioria parlamentar tanto para aprovar projetos de lei que atendam aos desejos da Presidência da República quanto para barrar iniciativas que contrariem os interesses oficiais – como as incômodas comissões parlamentares de inquérito (CPIs) e o perigoso processo de impeachment. Quando o governo Dilma 2 começou, o partido da presidente, o PT, tinha 70 deputados (do universo de 513) e 12 senadores (do total de 81). Tanto na Câmara como no Senado, a concentração de petistas não ia além de 15%. Era muito pouco em termos proporcionais. Para se fazer uma mudança na Constituição, exigia-se o apoio mínimo de 60% de cada casa do Congresso. Presidente nenhum sobrevive contando apenas com a fidelidade de seu próprio partido. É preciso formar uma coalizão ampla de partidos que se disponha a carregar o governo.

Tudo começa na campanha eleitoral. Na eleição de 2014, Dilma Rousseff armou uma coligação de nove partidos, tendo o PT como cabeça de chapa e o PMDB como coadjuvante mais ilustre. Quanto mais partidos-satélites o postulante a presidente da República atrair, mais minutos lhe serão concedidos na propaganda eleitoral de rádio e TV. O tempo de exposição ao eleitorado vale ouro, pois quem aparece mais tem chances maiores de vencer. Depois que as urnas revelaram a vitória de Dilma, a coligação conduzida pelo PT sofreu uma metamorfose e deu origem à coalizão de governo. A coalizão é ainda mais robusta do que a coligação porque engloba as siglas derrotadas que posteriormente decidem ingressar no governo. A presidente terminou a campanha com nove partidos de sustentação e começou o segundo governo com dez. O décimo partido aliado foi o Partido Trabalhista Brasileiro (PTB), que apoiara o candidato Aécio Neves. Em troca, o partido ganhou de Dilma o Ministério do Desenvolvimento, Indústria e Comércio Exterior.

O manual de instruções do presidencialismo de coalizão brasileiro explica que, para o governo ter sucesso, os dois lados – presidente e partidos aliados – têm obrigações mútuas a cumprir. Os parlamentares dos partidos governistas precisarão atuar como emissários do presidente da República dentro do Congresso Nacional. Em troca, o novo mandatário terá que distribuir as repartições públicas federais, incluindo ministérios e empresas estatais, entre os partidos da coalizão, de forma proporcional ao peso político de cada sigla – daí o PTB ter ficado com o Ministério do Desenvolvimento. O presidente também precisará olhar seus aliados com especial carinho na divisão do bolo das emendas parlamentares – os bilhões de reais do orçamento federal que anualmente os deputados e senadores ganham para destinar a obras públicas em suas paróquias eleitorais. Graças à coalizão, Dilma chegou ao poder pela primeira vez contando com o apoio de quase 70% dos deputados federais. É essa conveniente via de mão dupla entre o Poder Executivo e o Poder Legislativo vigente desde 1985 – o famigerado "toma lá, dá cá"– que tem permitido aos presidentes do Brasil governar sem maiores dificuldades ou sobressaltos.

As engrenagens do presidencialismo de coalizão rodaram razoavelmente bem no governo Dilma 1. Tão bem que ela se reelegeu. Mas ninguém ousaria afirmar que tudo correu às mil maravilhas. No decorrer dos quatro anos, ouviram-se incômodos rangidos. A máquina não estava tão azeitada assim. O motivo: naquele "toma lá, dá cá", Dilma tomou muito do Congresso Nacional, mas em contrapartida deu aos congressistas apenas migalhas. Isso explica as sabotagens do ex-aliado Eduardo Cunha. Adotando um estilo imperial de governar, a presidente não fez o mínimo esforço para paparicar os legisladores aliados. Ela redigiu seus projetos de lei e os enviou para o Congresso sem ter a delicadeza de antes ouvir a opinião dos deputados e senadores. Propostas emitidas pelo Palácio do Planalto atropelaram projetos quase idênticos, da autoria dos parlamentares, que já estavam em discussão na Câmara ou no Senado. Apoiar as propostas mais avançadas de aliados e negociar alterações pontuais, em vez de simplesmente ignorá-las, seria uma estratégia mais sensata, uma vez que encheria a bola dos parceiros do governo no Congresso.

Dilma abusou do direito de baixar medidas provisórias. Substitutas dos decretos-leis da ditadura militar, as MPs tumultuam a agenda de votações do Congresso porque têm força de lei no exato momento em que são assinadas pela Presidência da República e, por essa razão, precisam ser votadas com urgência pelos parlamentares. E não ousavam rejeitá-las, pois sobre seus ombros recairia o ônus de interromper uma política pública já em execução. De acordo com a Constituição, o governo deveria sacar as medidas provisórias da manga com muita parcimônia, apenas em casos excepcionais e de extrema necessidade. Não foi assim. Questões que exigiriam projetos de lei comuns foram resolvidas por medidas provisórias. Em 2011, Dilma assinou em média três MPs por mês. As medidas provisórias dão ao presidente da República o poder de legislar e, ao mesmo tempo, representam uma faca no pescoço dos verdadeiros legisladores. "O processo de tomada de decisão se faz à margem do Congresso. É autoritário", analisou o ex-presidente Fernando Henrique Cardoso, em uma crítica ao estilo de Dilma governar. "A agenda voltou a ser como no regime militar, feita dentro do gabinete presidencial."[5]

O governo Dilma Rousseff também teve pouca disposição para beneficiar os aliados com os cargos e as verbas no volume que eles esperavam receber. As emendas parlamentares previstas no orçamento federal foram alvos constantes de congelamento. A presidente fechou a torneira com tanta força que dinheiro orçamentário que deveria ter sido aplicado em 2013 em obras escolhidas por deputados e senadores chegou a 2015 sem ter sido liberado. Esses gastos que o governo empurra com a barriga engrossam a categoria que aparece no orçamento do ano seguinte como "restos a pagar". Tal manobra materializa o famoso bordão "devo, não nego; pago quando puder". Na prática, é uma forma não muito amistosa de manter os políticos eternamente dependentes. A ideia do governo é que eles se portem sempre bem, esperançosos de em algum momento terem o comportamento recompensado com a liberação do dinheiro de uma ou outra emenda. Os parlamentares, naturalmente, não estavam satisfeitos com os sucessivos calotes. Quanto às repartições públicas, Dilma fez uma partilha pouco generosa entre seus sócios. Basta analisar o primeiro escalão. Dos 37 ministérios existentes na arrancada do governo Dilma 1, em 2011, a presidente confiou 17 ao PT e apenas 6 ao PMDB – mesmo a bancada peemedebista no Congresso sendo tão numerosa quanto a petista. Foi uma discrepância gritante, para mágoa do maior sócio do governo. O desequilíbrio foi replicado nos andares de baixo da máquina pública federal, praticamente monopolizados pelo PT. A negociação política, definitivamente, não era o forte da presidente.

Quando Dilma Rousseff venceu a primeira eleição, para o mandato que se iniciaria em 2011, o deputado federal Eduardo Cunha vibrou. Afinal, seu partido fazia parte da coligação vitoriosa e contava que também seria o dono do novo governo. "Dilma mereceu essa grande vitória. Estaremos juntos com ela para o Brasil seguir mudando", escreveu ele na internet. A realidade, porém, aplicou-lhe uma rasteira. Descontente, Cunha decidiu usar a seu favor a inabilidade de Dilma no manejo com o Congresso Nacional. Ele fez os primeiros testes como líder da bancada de deputados do PMDB no período 2013-14. Em mais de uma votação, ele orientou sua bancada a votar contra propostas do governo. As rebeliões deram certo. Cunha viu que ganhara força política à custa da insatisfação dos deputados peemedebistas, ainda à espera das prometidas verbas e cargos no governo. Em tese, o PMDB deveria ser um partido constantemente paparicado pelo Palácio do Planalto. Na prática, era tratado a pão e água. Cunha deduziu: se os peemedebistas estavam frustrados, os partidos de menor peso na coalizão presidencial deveriam estar se sentindo ainda mais pisoteados. Foi com a sedutora bandeira anti-Dilma que ele se lançou candidato a presidente da Câmara dos Deputados.

Durante a campanha eleitoral interna da Câmara, Eduardo Cunha prometeu que, promovido a presidente, não permitiria que o trator presidencial continuasse atropelando os deputados. Os olhos dos deputados-eleitores brilharam. De acordo com Cunha, se Dilma Rousseff não cumpria com seus deveres previstos no manual do presidencialismo de coalizão, eles teriam que dar o troco na mesma moeda. Ou seja, deixariam de ser meros carimbadores dos projetos enviados pelo governo. Se quisesse que suas propostas avançassem, Dilma teria que mudar, dialogando, dando cargos e liberando verbas. "Estou bem na disputa porque os deputados querem alguém que os entenda, e não um presidente da Câmara submisso às vontades do governo", resumiu o candidato Cunha.[6] Os deputados depositaram todas as esperanças nele. Eles anteviram que, se o candidato de Dilma ao comando da Câmara, Arlindo Chinaglia (PT-SP), vencesse, tudo continuaria como antes – cômodo para o governo e sufocante para os deputados aliados. Ao informar ao candidato petista que não lhe daria seu voto, um deputado da base governista fez uma analogia certeira: "Arlindo, você é uma árvore que não dá sombra".[7] A vitória de Cunha era certa.

Acreditando melhorar, os homens mudam de senhor de boa vontade. E essa crença os faz pegar em armas contra o atual senhor.
(O Príncipe, cap. 3)

De acordo com Nicolau Maquiavel, o aspirante ao poder precisa ter a habilidade de enxergar as insatisfações do povo em relação ao governante, inclusive as não verbalizadas, e saber capitalizá-las, prometendo que tudo será diferente. Nisso, Eduardo Cunha foi mestre. Dilma Rousseff, ao contrário, desobedeceu ao comando de Maquiavel. Tanto ela quanto seu candidato não foram capazes de convencer os deputados-eleitores de que a manutenção da Câmara como quintal do Palácio do Planalto lhes traria algum benefício. Chinaglia não prometeu o fim dos atropelos do trator do governo. De qualquer forma, ainda que prometesse, seria difícil acreditar na existência de um emissário da Presidência da República que não fosse subserviente aos caprichos de Dilma. Entre Cunha e Chinaglia, os deputados optaram por "pegar em armas contra o atual senhor".

Um ingrediente extra apimentava o mau humor dos deputados. A incompatibilidade entre Dilma Rousseff e o Congresso Nacional não era apenas política. Aparentava também existir uma questão pessoal mal resolvida. A presidente nutria uma espécie de desprezo pelos parlamentares, como se a política feita por eles fosse pequena, quase mesquinha, em comparação com a política supostamente grandiosa e generosa que emanava do Palácio do Planalto. Para Dilma, era um absurdo que deputados e senadores se preocupassem apenas com seus redutos eleitorais, portando-se nas tribunas mais elevadas da República como meros vereadores paroquiais, em detrimento dos anseios mais amplos da nação. Ela nem sequer lhes abria a porta do Palácio do Planalto. Ao longo de todo o primeiro mandato, quando reinou soberana, concedeu a apenas 15 parlamentares (2,5% do Congresso) a honra de entrar no gabinete presidencial.[8] Getúlio Vargas, mesmo com todo o pendor ditatorial, tinha por rotina até 1937 ter longas conversas com deputados e senadores no Palácio do Catete toda tarde de sexta-feira. O quixotesco senador Eduardo Suplicy (PT-SP), defensor incondicional da presidente, viu seus insistentes pedidos de audiência serem negados por anos a fio — Dilma não tinha interesse nem paciência.

MANDAMENTO 5

Torna os teus aliados dependentes de ti

Tão logo foi reeleita, em outubro de 2014, a presidente Dilma Rousseff dedicou as forças que lhe haviam restado da exaustiva campanha presidencial a impedir que Eduardo Cunha, o genioso líder da bancada do PMDB, alcançasse a presidência da Câmara dos Deputados. Ela mandou abrir o balcão de negócios do governo e sobre ele depositou numerosos cargos comissionados espalhados por toda a máquina pública federal. Nesses postos, os deputados federais que tomariam posse em fevereiro de 2015 poderiam acomodar seus apadrinhados. As vagas destinadas aos funcionários não concursados são famosas pelas benesses: trabalho leve, salário polpudo e o sedutor pequeno poder das repartições públicas. Para ter direito aos cargos do catálogo apresentado por Dilma, os deputados teriam apenas que votar no colega Arlindo Chinaglia (PT-SP), o tardio candidato governista. Ao mesmo tempo, os deputados que já contavam com indicados nas repartições do governo e tiveram o mandato na Câmara renovado foram pressionados por Dilma a também votar em Chinaglia, sob a ameaça de seus afilhados não concursados serem mandados para o olho da rua. Sobre o balcão federal, o governo também colocou o dinheiro das emendas parlamentares represadas.

O corpo a corpo eleitoral não foi feito pela própria presidente. Dilma encarregou os ministros Aloizio Mercadante, da Casa Civil, e Pepe Vargas, das Relações Institucionais, de negociar com os deputados. Pepe chegou a usar um jato da Força Aérea Brasileira (FAB) para ir ao Paraná e discutir com o presidente da Usina de Itaipu, Jorge Samek, a liberação de cargos na gigantesca hidrelétrica da fronteira com o Paraguai.[9] Ao longo de dois meses, em dezembro de 2014 e janeiro de 2015, ministérios, empresas estatais, bancos públicos, autarquias e superintendências ficaram com inúmeros cargos vagos à espera da votação na Câmara dos Deputados. Os postos e os recursos financeiros negociados só seriam entregues se os deputados cumprissem com sua parte no acordo. Caso a eleição para a presidência da Câmara se desse por meio de uma votação sujeita às leis eleitorais comuns, a presidente da República estaria praticando compra de voto, crime pelo qual poderia ser condenada perder o mandato, ficar oito anos proibida de disputar eleições e até passar quatro anos na cadeia. Cunha ficou irritado. Em sua avaliação, o Poder Executivo extrapolou os limites ao buscar interferir num processo interno do Legislativo: "A tentativa de cooptar parlamentares foi ampla. Houve ameaça de demissão de aliados nos estados, promessa de cargos e de liberação de emendas para os novos deputados e pressão sobre ministros para que exigissem de seus partidos a adesão à candidatura do PT. Como pode o governo começar um novo mandato com pressões e ameaças contra a própria base aliada, ainda mais quando se sabe da necessidade de ter no Congresso uma base sólida e unida?".[10]

Num movimento ainda mais impetuoso, a presidente da República tentou aliciar o PMDB de Cunha. Ao partido, ela prometeu novos ministérios no gabinete que se formaria no governo Dilma 2. A ideia era que a direção nacional do PMDB jogasse Cunha para escanteio e emplacasse outro candidato. A ofensiva fracassou. O governo, sem se dar por vencido, tentou rachar o partido e sondou o deputado eleito Jarbas Vasconcelos (PMDB-PE) para ser o segundo candidato da sigla na disputa. A inspiração era o que ocorria no prédio ao lado da Câmara naquele exato momento: o comando do Senado era disputado por Renan Calheiros (PMDB-AL) e Luiz Henrique (PMDB-SC), colegas de partido. Jarbas, porém, achou por bem não desafiar Cunha e recusou o convite de Dilma.[11]

Em janeiro de 2015, Brasília agitou-se com a notícia de que um doleiro preso na Operação Lava Jato citara Eduardo Cunha como beneficiário dos desvios milionários de dinheiro da Petrobras. Para o deputado, era coincidência demais a acusação ter sido feita justamente às vésperas da eleição para a presidência da Câmara. Cunha viu o dedo de Dilma Rousseff no vazamento do depoimento – forjado, na versão dele: "É lamentável que oponentes usem desse expediente baixo tentando me desqualificar. Se a pólvora da bomba deles é dessa qualidade, será um tiro de festim na água".[12]

A presidente Dilma Rousseff tinha motivos de sobra para lutar com todas as forças para que o problemático deputado Eduardo Cunha não chegasse lá. O chefe da Câmara não manda apenas no funcionamento administrativo e burocrático da casa legislativa. O cargo municia o deputado de verdadeiros superpoderes, o que o transforma numa das peças mais influentes e temidas do tabuleiro político nacional. Cunha, por tabela, tinha esses mesmos motivos de sobra para se lançar com unhas e dentes na disputa.

Para começar, o presidente da Câmara dos Deputados ocupa o segundo lugar na linha sucessória do Palácio do Planalto, atrás apenas do vice-presidente da República e à frente dos presidentes do Senado e do Supremo Tribunal Federal (STF). Mas essa não chega a ser a parte mais sedutora do cargo. É longínqua a hipótese de o presidente e o vice serem impedidos ao mesmo tempo. No máximo, podem simultaneamente fazer viagens curtas e esporádicas para o exterior. Ainda que ocorra a dupla queda, o chefe da Câmara assume o país apenas como tampão, até que se realize uma nova eleição (direta ou indireta, a depender do momento da queda). A titularidade do Poder Executivo é tão fugaz que os livros escolares de história não dão mais do que poucas linhas a Ranieri Mazzilli, o chefe da Câmara promovido ao Palácio do Planalto em 1964, após a renúncia do presidente Jânio Quadros e a destituição do vice João Goulart.

Mais do que a posição na linha sucessória, o que torna o cargo verdadeiramente cobiçado é o fato de seu ocupante ter voz ativa sobre as decisões dos deputados federais e, portanto, força para interferir nas ações do governo e nos rumos do país. Basta dar uma olhada nas atribuições que as leis concedem à Câmara e ao seu presidente. Grosso modo, o presidente da Câmara consegue decidir o conteúdo dos projetos de lei que são aprovados pela casa legislativa. Ele pinça quais serão levados ao plenário para votação, acelerando a análise dos projetos que lhe interessam e mantendo parados aqueles que não lhe convêm. O chefe da Câmara também define as comissões temáticas pelas quais uma proposta passará e dita inclusive a ordem delas. Isso faz toda a diferença, já que é a versão aprovada na última comissão a que será votada no plenário. Ele também determina quando um projeto de lei será votado apenas por uma comissão especial (dedicada unicamente à proposta em questão), e não por várias comissões temáticas. Havendo comissão especial, é o presidente da Câmara que seleciona o deputado que relatará o projeto, o que possibilita ao chefe da casa legislativa ter controle sobre mudanças no conteúdo da proposta.

Existem muitos outros motivos para que o presidente da República se esforce para a Câmara ser dirigida por um deputado camarada. Sempre que o governo deseja submeter um projeto de lei ao Congresso Nacional, precisa enviá-lo especificamente para a Câmara. O Senado só o estuda depois. A depender do humor do presidente da Câmara, a proposta corre o risco de ser devolvida. Isso porque ele pode mandar arquivar qualquer proposta que julgar ser contrária à Constituição. Além de tudo isso, quem bate o martelo sobre a versão final dos projetos enviados pelo governo são sempre os deputados. Toda vez que o Senado faz alguma mudança num texto redigido pelo Palácio do Planalto e já aprovado pela

Câmara, ele volta para que os deputados mantenham ou derrubem a alteração. O pedido de criação das comissões parlamentares de inquérito (CPIs), quase sempre destinadas a investigar denúncias contra o governo, também precisa passar pelo crivo do presidente da Câmara, o qual tem a prerrogativa de engavetá-lo caso entenda que não há uma suspeita forte a ser investigada. Até mesmo os pedidos de impeachment do presidente da República estão sujeitos à conveniência do comandante da Câmara. É a ele que as denúncias de crime de responsabilidade devem ser endereçadas. Agindo como um filtro, o presidente dos deputados retém os pedidos de impeachment que julga vazios e dá prosseguimento aos que avalia fundamentados.

Saindo vitorioso da disputa pelo comando da Câmara dos Deputados, Eduardo Cunha passaria a contar com todos esses superpoderes. A oportunidade era tentadora e não poderia ser desperdiçada. Ele já tinha na cabeça que seria candidato à presidência da Câmara antes mesmo de ter sido reeleito deputado federal. Assim, ainda durante sua campanha de reeleição, ele pôde estudar a lista de candidatos a deputado de todos os estados e identificar os postulantes mais promissores. Raposa velha da política, sem jamais ter amargado uma derrota nas urnas, Cunha sabia que o mais decisivo para a vitória eleitoral é dispor de dinheiro em abundância – para financiar viagens, comitês de campanha, equipe de comunicação, cabos eleitorais, comícios, bandeiras, santinhos e anúncios de jornal, para citar os destinos permitidos pela lei. Para tanto, é necessário contar com doadores generosos. Especialmente generosos são os empreiteiros, os industriais e os banqueiros. Com essa gente, Cunha mantinha relações mais do que cordiais. Entre 2002, quando se candidatou pela primeira vez, e 2014, sua arrecadação saltou de R$ 291 mil para R$ 3,7 milhões. "Até sobrou dinheiro", gabou-se ele. "Na maioria das vezes, são as empresas que me procuram. Até porque tenho a mesma visão delas."[13] Tamanhas doações, decerto, não eram desinteressadas. Cunha admitiu defender o interesse dos empresários na Câmara sempre que houvesse "afinidade nas propostas". Depois de identificar os candidatos a deputado mais promissores, especialmente os novatos, Cunha os procurou e se voluntariou como uma espécie de facilitador de doações eleitorais, colocando-os em contato com os presidentes das grandes empresas. O diretor de uma dessas companhias disse ter recebido de Cunha um pedido para financiar 25 candidatos de uma só tacada. "Ele ajudou todo mundo", afirmou o deputado federal Gastão Vieira (PMDB-MA).[14] Estima-se que, com as doações intermediadas, Eduardo Cunha tenha conseguido eleger algumas dezenas de deputados federais.[15] Ele, porém, admitia ter ajudado gente apenas do PMDB, e não de outros partidos. Tendo nas mãos uma bancada pessoal tão populosa e agradecida, a presidência da Câmara dos Deputados já estava no papo. Maquiavel puro.

> *Um príncipe sábio deve pensar no modo pelo qual sempre e em todas as circunstâncias os cidadãos tenham necessidade dele, sendo-lhe então sempre fiéis.*
>
> (*O Príncipe*, cap. 9)

De acordo com Nicolau Maquiavel, o príncipe que deseja angariar o apoio dos súditos pode adotar inúmeras táticas. Uma é plantar neles um vínculo de dependência. As pessoas, por natureza, são egoístas e interesseiras. Quando acreditam que o príncipe consegue satisfazer seus interesses mais imediatos, fazem de tudo para dar-lhe e até aumentar-lhe o poder e impedir que os oponentes usurpem o trono. O presidente Luiz Inácio Lula da Silva adotou essa estratégia maquiavélica com maestria. Em 2003, poucos meses após chegar ao poder, ele lançou o Bolsa Família, um programa de cunho social que depositava uma espécie de salário mensal na conta das famílias mais pobres. No auge, o Bolsa Família beneficiou 50 milhões de pessoas, um quarto da população nacional. Lula em 2006 e Dilma em 2010 e 2014 acusaram os adversários eleitorais de planejar o fim do programa. Com tanta gente dependente daqueles reais depositados todo mês, Lula e Dilma foram imbatíveis nas urnas. Dilma, entretanto, não se deu conta de que a mesma estratégia da dependência deveria ter sido transposta para a relação com o Poder Legislativo. O balcão de negócios gerido pelos ministros Aloizio Mercadante e Pepe Vargas durante o processo sucessório da presidência da Câmara dos Deputados não fez sucesso. Não que os cargos comissionados na máquina pública não fossem tentadores. O problema é que Dilma já tinha dado incontáveis provas de que seus tratos não eram para valer. Basta lembrar a quantidade risível de ministérios confiados no governo Dilma 1 ao PMDB, o maior aliado. Eduardo Cunha, por sua vez, foi sagaz o suficiente para descobrir um mecanismo capaz de transformar os deputados em seus eternos devedores. Os parlamentares entenderam que os empresários amigos de Cunha que os ajudaram a conseguir a vitória eleitoral em 2014 poderiam assegurar-lhes a reeleição em 2018 e quem sabe até em 2022. Para que esse futuro lindo se tornasse realidade, eles teriam apenas que se conservar leais a Cunha. A primeira prova de lealdade seria o voto nele para a presidência da Câmara.

Como se as doações de campanha não fossem o bastante, Eduardo Cunha ainda levou aos colegas uma apetitosa lista de promessas eleitorais. Ele garantiu que dinheiro não seria problema e prometeu abrir os cofres da casa legislativa. O salário dos deputados subiria até ficar par a par com o dos ministros do Supremo Tribunal Federal – o salário mais alto de todo o poder público. As mulheres dos deputados e os maridos das deputadas passariam a também ter o direito de viajar de graça, com as passagens aéreas bancadas pela Câmara. Passariam por reajuste as verbas de custeio dos gabinetes, o salário dos assessores parlamentares e o auxílio-moradia dos deputados que não ocupam apartamentos da Câmara. Nem mesmo a plataforma que Cunha apresentara meses antes aos cidadãos eleitores do estado do Rio de Janeiro havia sido tão generosa.

Se a cadeira de presidente fosse ocupada por Eduardo Cunha, os deputados passariam a ter direito a muito mais tempo na tela da TV Câmara. O candidato afirmou que escolheria um deputado para dirigir os meios de comunicação da casa legislativa. Até então, o cargo era ocupado por jornalistas. A promessa era que, com um político no comando, os programas educativos e culturais seriam dizimados da grade de programação para dar ainda mais lugar à atuação dos parlamentares. Eles se tornariam onipresentes no canal, pois seriam mostrados não apenas falando nas comissões e no plenário, mas também viajando pelos estados, seus redutos eleitorais. Os deputados ganhariam uma imensa promoção pessoal. A promessa mais ambiciosa, porém, exigiria os préstimos de alguma empreiteira. Cunha avisou que se empenharia em erguer três novas torres no terreno da Câmara, para o conforto dos deputados. Na primeira, seriam construídos gabinetes mais espaçosos. Na segunda, um plenário alternativo, com setecentos assentos para os 513 deputados. Na terceira, uma espécie de centro comercial, com restaurantes, lojas e bancos. Em tom zombeteiro, os jornais apelidaram o prédio prometido por Cunha de "parlashopping".

No último minuto, Eduardo Cunha apareceu com um mimo para os colegas. Ele providenciou uma calorosa recepção no hotel contratado pela Câmara para hospedar os quase duzentos deputados de primeiro mandato, que ainda não tinham casa em Brasília. Era a antevéspera da votação. Cunha fechou o bar do hotel e ali ofereceu um coquetel aos novos parlamentares. Eles não esperavam boas-vindas tão calorosas. Na véspera da eleição, organizou um jantar para um grupo mais seleto. Dilma Rousseff e seu candidato, Arlindo Chinaglia, assistiram paralisados a toda a pirotecnia do adversário.

MANDAMENTO 6

Incute-lhes medo, assim não hão de trair-te

Encerrada a disputa pela presidência da Câmara dos Deputados, em 1º de fevereiro de 2015, o incumbido de falar em nome dos derrotados foi Pepe Vargas, o ministro das Relações Institucionais de Dilma Rousseff. O que o porta-voz governista fez foi apenas um esboço de pedido de desculpa aos vitoriosos pelo vale-tudo dos meses anteriores: "Num jogo de futebol, tem carrinho, puxão de camisa e até canelada. Mas termina o jogo, e os amigos tomam uma cervejinha. É mais ou menos isso."[16] Ressentido, Eduardo Cunha (PMDB-RJ), o deputado eleito para comandar a Câmara, pisoteou a bandeira branca erguida pelo governo. "É do jogo político você expressar a sua opinião, mas a pressão do jeito que foi feita, de maneira grosseira e ameaçadora, deixará sequelas não só em mim, como também nos parlamentares e nos partidos que sofreram coação", respondeu ele, em tom de vítima.[17] Ao contrário da mal ajambrada metáfora futebolística de Pepe, a fala de Cunha foi clara e direta: enquanto a Câmara estivesse nas mãos do peemedebista, o Palácio do Planalto não teria vida fácil.

Quando falou em coação, Eduardo Cunha se referiu à ameaça feita pelos negociadores de Dilma Rousseff de que os deputados da base governista que ousassem apunhalar o Palácio do Planalto pelas costas na votação interna da Câmara pagariam caro: ficariam sem dinheiro das emendas parlamentares e cargos de segundo e de terceiro escalão, e seus partidos perderiam ministérios. Mesmo com tanta intimidação, aquele domingo eleitoral foi um dia de traições generalizadas. A vitória de Cunha foi tão folgada que nem sequer houve segundo turno. Ele contou com o apoio de 52% dos deputados. Os 267 votos que recebeu foram praticamente o dobro dos 136 de Arlindo Chinaglia (PT-SP), o candidato governista. Foi um fracasso retumbante para Dilma. Os apadrinhados do Palácio do Planalto não perdiam na Câmara desde 2005, quando o PT rachou e dois deputados do partido entraram na disputa e, para susto do governo, acabaram derrotados pelo azarão e inexpressivo Severino Cavalcanti (PP-PE). De tão inábil, Severino quase foi cassado e acabou renunciando à presidência aos sete meses de mandato. Após esse episódio, os governos do PT não voltariam a ser surpreendidos e sempre conseguiriam emplacar camaradas na Câmara: Aldo Rebelo (PCdoB-SP), Arlindo Chinaglia (PT-SP), Michel Temer (PMDB-SP), Marco Maia (PT-RS) e Henrique Eduardo Alves (PMDB-RN). Passada exatamente uma década, Cunha repetiria Severino – mas com a grande diferença de o ex-líder do PMDB não ser azarão, inexpressivo e, muito menos, inábil.

Ao optar por Eduardo Cunha, os deputados levaram em conta tanto as promessas eleitoreiras, como as passagens aéreas liberadas para esposas e maridos, quanto o horizonte livre da ingerência de Dilma Rousseff nos trabalhos da Câmara. O que possibilitou que os parlamentares governistas traíssem despreocupadamente o Palácio do Planalto foi o fato de a votação ter sido secreta. É provável que a vitória teria ocorrido ainda que a votação tivesse sido pública, porém não com uma margem tão folgada. De qualquer forma, houve deputados vira-casaca que não tiveram medo de dar a cara a tapa. O Partido Progressista (PP) e o Partido Republicano Brasileiro (PRB), integrantes tanto da coligação da Dilma candidata quanto da coalizão da Dilma presidente, anunciaram apoio público à campanha de Cunha, cada partido por uma razão particular. O PP estava ressentido com a presidente por ter sido rebaixado na Esplanada dos Ministérios. Com a chegada do governo Dilma 2, o partido foi desalojado do reluzente Ministério das Cidades – detentor das verbas de habitação e saneamento básico, que põem prefeitos do país inteiro aos pés do ministro – e como prêmio de consolação ganhou o sonolento Ministério da Integração Nacional – interessante apenas para os políticos do Nordeste, por cuidar das obras contra a seca. O PRB, por sua vez, acabara de receber de Dilma o Ministério do Esporte, mas resolveu abraçar a campanha do PMDB na Câmara, entre outros motivos, por questões espirituais. O partido era o braço político da Igreja Universal do Reino de Deus e, portanto, tinha afinidade natural com o evangélico Eduardo Cunha, fiel da Assembleia de Deus. O PTB, mesmo tendo ganhado o Ministério do Desenvolvimento, Indústria e Comércio Exterior, também ficou do lado de Cunha. Além das deserções oficiais, houve várias outras extraoficiais. Desafiando a determinação partidária, não votou em Chinaglia uma parcela das bancadas do Partido Democrático Brasileiro (PDT), titular do Ministério do Trabalho; do Partido da República (PR), detentor do Ministério dos Transportes; e do Partido Social Democrático (PSD), dono do Ministério das Cidades e da Secretaria das Micro e Pequenas Empresas. Excluindo todo o PMDB do cômputo, os aliados oficiais de Dilma teriam garantido a vitória de Chinaglia, com 263 votos (51% da Câmara), se o presidencialismo de coalizão tivesse funcionado conforme prevê a teoria, e não insuficientes 136 (26,5%). Dos dez partidos integrantes do governo, nada menos do que oito não ofereceram apoio integral ao candidato do Palácio do Planalto. Não há, porém, como saber exatamente quem traiu, pois a votação foi secreta. A única certeza é que as bancadas do PT e do PCdoB não registraram nenhuma defecção.

 A presidente da República ficou irada com tantas deserções, mas respirou fundo e achou melhor não punir os traidores. Como se nada tivesse acontecido, todos os partidos governistas que contribuíram com a vitória de Cunha, inclusive o PP e o PRB, conservaram o espaço que tinham ganhado no governo. Dilma Rousseff olhou a discrepância de votos gritante entre Eduardo Cunha e Arlindo Chinaglia e concluiu que, unido, o lado de lá poderia ter força suficiente para revidar as eventuais retaliações. A promessa de castigos generalizados comunicada pelos ministros Pepe Vargas e Aloizio Mercadante foi esquecida. A presidente argumentou que, se punisse os deputados e os partidos, acabaria azedando ainda mais as relações entre o Palácio do Planalto e a Câmara dos Deputados, que já se prenunciavam amargas com a chegada de Cunha ao trono. No entender de Nicolau Maquiavel, Dilma errou feio na estratégia.

> *Os homens devem ser mimados ou exterminados. Porque, se eles se vingam das ofensas leves, das graves não o podem. Assim, a ofensa a um homem deve ser tal que não se tema a vingança dele.*
>
> (*O Príncipe*, cap. 3)

Maquiavel ensina que tanto a clemência quanto a punição branda dão ao traidor a sensação de que no fim das contas a infidelidade vale a pena. É o mesmo princípio das leis jurídicas. Se um país deseja coibir os assassinatos, um dos caminhos é estipular uma sanção proporcional à gravidade do crime. De nada adianta sentenciar um homicida a prestar serviços comunitários, pagar multa ou cumprir pena de prisão domiciliar. Punições brandas tendem a ser inócuas. De qualquer maneira, tampouco basta que a lei preveja um castigo adequadamente duro se ela na prática for letra morta. A palavra do príncipe, portanto, precisa ter força de lei. Ante a certeza de que será duramente enquadrado, o súdito pensará duas vezes antes de sair da linha. O governante, diz Maquiavel, tem que inspirar medo.

> *É muito mais seguro ser temido do que ser amado. Os homens estão todos de teu lado enquanto lhes fazes benefícios. Quando, porém, a necessidade se avizinha, dirigem-se para outro lado. Os homens têm menos respeito*

> *aos que se fazem amar do que aos que se fazem temer, porque o amor é conservado por um vínculo de obrigação, ao passo que o temor é alimentado pelo medo do castigo que nunca se abandona. O príncipe não deve importar-se com a fama de cruel para manter seus súditos unidos e confiantes, pois, com pouquíssimos exemplos, será mais piedoso do que aqueles que, por piedade demais, deixarem acontecer as desordens, das quais surgem morte e rapina. Estas prejudicam uma comunidade inteira, e as execuções ordenadas pelo príncipe prejudicam um só particular.*
> (*O Príncipe*, cap. 17)

O caso do PTB é ilustrativo de como a benevolência com os traidores é danosa para o governante. Durante os governos Lula 1 e 2, o partido usou a máscara governista, com todos os cargos e verbas previstos no manual do presidencialismo de coalizão. No meio do caminho, o principal cacique petebista, deputado Roberto Jefferson (RJ), denunciou o que ele próprio chamou de "mensalão", o maior escândalo de corrupção no Brasil até então, que custou a cabeça de grandes nomes do governo e do PT. Mesmo assim, o PTB pôde permanecer na coalizão de Lula. Na eleição de 2010, o partido resolveu mudar de lado e engrossou a campanha presidencial de José Serra (PSDB), que fracassaria. No governo Dilma 1, o partido voltou a ser governista e ganhou novos cargos na máquina pública. Na eleição de 2014, pulou para a campanha presidencial de Aécio Neves (PSDB), que naufragaria. No governo Dilma 2, o partido fez a reconversão ao governismo e ganhou o Ministério do Desenvolvimento, Indústria e Comércio Exterior. Incólume nesse pêndulo, o PTB aprendeu que abusar do fisiologismo e mudar de lado conforme o rumo dos ventos era conveniente – afinal, o governo do PT estava sempre disposto a perdoar a traição e recebê-lo de volta de braços abertos. Não foi à toa que, poucos dias depois de ser agraciados com o Ministério do Desenvolvimento, deputados do PTB ignoraram o candidato de Dilma e votaram em Cunha. A falta de castigo serve de estímulo para a reincidência na infidelidade. O mesmo efeito tem a aplicação de um castigo inofensivo.

O medo constante é um poderoso instrumento capaz de manter a lealdade.

Era desmedida a preocupação de Dilma Rousseff de que os deputados traidores se unissem para reagir às eventuais represálias do Palácio do Planalto. A punição rigorosa dos parlamentares desobedientes não seria encarada como abuso do governo, mas sim como justiça – tal qual a execução da pena que o juiz sentencia para um réu confesso e merecedor dos rigores da lei. Além disso, a punição serviria de exemplo para os outros partidos da base governista, que veriam com seus próprios olhos que a infidelidade no fim cobra um preço alto. Na época do Brasil escravocrata, alguns poucos senhores eram donos de uma multidão de escravos. Não soa lógico que uma rebelião das senzalas seria capaz de, com pouco esforço, liquidar os amos e garantir aos escravos a almejada liberdade? Sim, seria lógico se não houvesse uma lei imperial de 1835 que mandava para a forca, sem direito a apelação, o escravo que tivesse matado ou tentado matar o senhor. Centenas de negros foram executados. O objetivo fulcral da lei não era punir o criminoso em si, mas sim incutir medo em todos os outros escravos. Tanto é que, sempre que havia uma execução, os senhores daquela região colocavam seus escravos diante do cadafalso para que testemunhassem o enforcamento. Como explica Maquiavel, a perversidade do príncipe com um indivíduo é justificável e necessária para preservar a ordem e salvar a comunidade. A piedade, ao contrário, encoraja a rebelião e põe o poder do príncipe em risco. Não faltaram avisos. O folclórico deputado Paulo Maluf (PP-SP), douto na arte da política, citou o PRB do ministro do Esporte e fez uma advertência pública à presidente: "Se eu fosse a Dilma, demitiria o ministro amanhã, senão vão achar que ela é frouxa".[18] Ao rejeitar a crueldade e poupar os deputados que votaram em Eduardo Cunha, a presidente Dilma Rousseff amarrou a corda em seu próprio pescoço. Novas traições seriam apenas questão de tempo. Uma delas, a mais decisiva de todas, lhe custaria a faixa presidencial.

MANDAMENTO 7

Sê criterioso na escolha dos teus ministros

O período das festas de fim de ano foi estressante para Dilma Rousseff. A vitória nas urnas em 2014 não bastou para garantir-lhe plena paz de espírito. O governo Dilma 2 se iniciaria em janeiro de 2015, e dois problemas urgentes lhe martelavam a cabeça. Um deles era a ascensão inevitável de seu arqui-inimigo Eduardo Cunha à presidência da Câmara dos Deputados. O segundo problema era o complexo quebra-cabeça que ela teria de montar para compor a nova equipe ministerial. A Esplanada dos Ministérios tinha 39 repartições, e era preciso acomodar nela os partidos que apoiaram a candidatura do PT na corrida presidencial. Afora essas peças obrigatórias, a presidente ainda tinha que fazer caber no quadro alguns nomes inegociáveis, aqueles de sua estrita confiança, sobre os quais os partidos da coalizão não teriam o direito de dar pitaco. Os jornais descreveram esse grupo de ministros como "cota pessoal" de Dilma, e entre eles estavam Joaquim Levy, sem partido, escolhido para o Ministério da Fazenda, e Kátia Abreu, do PMDB, para o Ministério da Agricultura. Seriam delicadas as negociações com os partidos, que faziam questão de escolher os ministérios a que fariam jus. Dilma teve de ser intransigente pelo menos nesse ponto, especificando ela própria o prédio da Esplanada que abrigaria cada sigla. No fim das contas, não foi a presidente quem recrutou a maior parte de seus ministros, mas sim os partidos.

A terceirização das escolhas criou situações insólitas. Para o Ministério do Esporte, por exemplo, o PRB emplacou o pastor e deputado federal George Hilton, que admitiu publicamente na posse não ter o mínimo domínio das políticas públicas que acabavam de cair em seu colo. "Posso não entender profundamente de esportes, mas entendo de gente", afirmou o novo ministro, num tom sincero até demais. A declaração era preocupante, pois cabia ao Ministério do Esporte o desafio de coordenar todas as ações do governo federal relativas à Olimpíada de 2016, que ocorreria no Rio de Janeiro dentro de um ano e meio. Atletas olímpicos tornaram público seu descontentamento com o novo titular do Esporte. No Ministério da Ciência, Tecnologia e Inovação, o PCdoB apresentou a Dilma o nome de Aldo Rebelo, que foi prontamente aceito. À primeira vista, a escolha parecia acertada. Dono de uma vasta experiência política, Aldo fora presidente da Câmara dos Deputados e ministro do Esporte e da Coordenação Política. A comunidade científica, porém, teve calafrios, pois sabia que o novo ministro não era lá muito científico, tecnológico ou inovador. Ele já havia criticado os cientistas que pediam ações mundiais contra as mudanças climáticas. Para Aldo, o aquecimento global era totalmente natural, mas estava sendo travestido de fenômeno humano como desculpa para forçar os países pobres a consumir menos petróleo, madeira e outras matérias-primas e deixá-las livres para o apetite das grandes potências. Como deputado federal, ele apresentou projetos de lei discutíveis. Um deles, de 1994, proibia os órgãos públicos de adotar inovações tecnológicas que levassem à demissão de funcionários. Outro, de 1999, bania o uso público de palavras estrangeiras que tivessem correspondentes em português. Na época, ele chamou de monstruosidades termos corriqueiros como best-seller, e-mail e workshop.

A QUEDA DE DILMA

Nos dias inaugurais do governo Dilma 2, a Esplanada dos Ministérios mais parecia uma Torre de Babel, tantos foram os desencontros e os constrangimentos. Marta Suplicy deixou o comando do Ministério da Cultura atirando. Ela acusou seu sucessor, Juca Ferreira, que ocuparia o posto pela segunda vez, de ter cometido desmandos na primeira passagem pelo ministério, como fechar contratos sem licitação. Juca revidou chamando Marta de "madame" e descrevendo o ataque dela como "uma bolsada de Louis Vuitton na cabeça". Kátia Abreu, da Agricultura, e Patrus Ananias, do Desenvolvimento Agrário, também divergiram em público. A ministra afirmou numa entrevista que já não existiam latifúndios no Brasil, no que foi veementemente refutada pelo colega. Ela avaliou: "Estão usando um discurso velho, antigo e irreal para justificar a reforma agrária". Ele rebateu com uma lição de moral: "É preciso derrubar as cercas que nos limitam a uma visão individualista e excludente do processo social. Negar a existência da desigualdade e da injustiça é uma forma de perpetuá-las". Num episódio parecido, Arthur Chioro, o ministro da Saúde, anunciou que estava discutindo com os governadores a recriação da Contribuição Provisória sobre Movimentação Financeira (CPMF), o odiado tributo que durante uma década ajudou a financiar a saúde pública. Chioro foi logo desautorizado por Joaquim Levy, ministro da Fazenda e cabeça da equipe econômica de Dilma: "Não há nenhuma discussão desse tipo em jogo. Eu não estou cogitando a CPMF". Nicolau Maquiavel acharia o gabinete ministerial de Dilma tragicômico.

> *Para o príncipe, não é coisa de somenos a escolha de seus ministros, que são bons ou não conforme a prudência dele. E o primeiro juízo que se faz da mente de um príncipe é observar os homens que ele tem a seu lado. Quando eles são capazes e fiéis, podemos considerá-lo sábio, porque soube reconhecê-los suficientemente e mantê-los fiéis. Quando, porém, não forem assim, pode-se fazer mau juízo do príncipe, pois o primeiro erro que ele comete é o dessa escolha.*
>
> (*O Príncipe*, cap. 22)

Como consequência de ter delegado aos partidos a escolha de boa parte dos ministros, a presidente Dilma Rousseff no geral não nomeou pessoas afinadas umas com as outras e em alguns casos nem mesmo com o próprio governo. Os partidos puseram sua própria conveniência política acima de tudo. Dilma, diferentemente deles, teria podido enxergar o governo como um todo e armado um time mais entrosado e focado num mesmo objetivo. No mundo da administração de negócios, a título de comparação, não se concebe um empresário que contrate funcionários sem entrevistá-los ou no mínimo dar uma passada de olhos em seus currículos. Pois foi exatamente o que Dilma fez.

Inicialmente, a presidente até se mostrou disposta a dar à Esplanada dos Ministérios um ar menos fisiológico e mais profissional. Para se precaver das eventuais más indicações dos partidos, Dilma Rousseff pediu ao Ministério Público Federal que puxasse a ficha criminal dos postulantes a ministro, para descartar de cara os encrencados. Assim, ela não teria que passar pelo desgaste de nomear alguém com chance de ser demitido logo em seguida – principalmente por causa da Operação Lava Jato, que se iniciara em março de 2014 investigando apenas o uso de um posto de gasolina de Brasília num esquema de lavagem de dinheiro, acabara descobrindo muito mais do que previa e menos de um ano depois já avançava com fúria sobre o esquema de corrupção enraizado na Petrobras. A presidente já conhecia tal tipo de desgaste. O governo Dilma 1 havia passado por um número assustador de baixas. Naquela ocasião, seis ministros caíram por acusações de corrupção apenas no primeiro ano, incluindo Antonio Palocci, o todo-poderoso chefe da Casa Civil. Os dossiês elaborados pelo Ministério Público no final de 2014, porém, não foram levados a sério. A presidente fez vista grossa e nomeou ministros que já haviam tido ou ainda tinham problemas com a polícia ou com os tribunais. George Hilton, o novo ministro do Esporte, fora preso em 2005 carregando R$ 600 mil em espécie dentro de malas e caixas no Aeroporto da Pampulha, em Belo Horizonte. Ele alegou que eram doações de fiéis da

Igreja Universal do Reino de Deus. Acabou sendo expulso do Partido da Frente Liberal (PFL), seu partido na ocasião.[19] Dilma também relevou as suspeitas que pesavam contra Aldemir Bendine, convidado para trocar o comando do Banco do Brasil pela chefia da Petrobras. A estatal do petróleo não tinha o status de ministério, mas naquele momento recebia todas as atenções porque fazia o governo sangrar em razão das revelações da Operação Lava Jato. Os passos de Bendine eram farejados pelo Ministério Público devido à suspeita de ele ter feito o banco liberar um empréstimo suspeito de R$ 2,8 milhões à empresa da socialite Val Marchiori, sua amiga. Havia dois problemas. O dinheiro, subsidiado pelo governo, não poderia ter sido liberado porque Val tinha restrição de crédito no Banco do Brasil, por não ter quitado dívidas anteriores. E o financiamento precisava ter sido aplicado integralmente na compra de caminhões, mas uma parte, com o aval do banco, foi usada na aquisição de um Porsche de R$ 400 mil.[20] Bendine, mesmo assim, tomaria posse e permaneceria no Banco do Brasil até o fim do governo Dilma 2.

Com um primeiro escalão desse naipe, a primeira baixa seria apenas questão de tempo. A primazia coube a Cid Gomes, indicado pelo Partido Republicano da Ordem Social (Pros), que não chegou a completar três meses na cadeira de ministro da Educação. No Brasil da "pátria educadora", a própria nomeação não foi motivo para muita comemoração. Em 2008, como governador do Ceará, Cid se juntara a outros governadores para tentar derrubar no Supremo Tribunal Federal a lei que criou o piso salarial nacional para os professores da rede pública. Em 2011, ainda no governo cearense, ele reagira com um argumento de mau gosto a uma greve de professores por melhores salários: "Quem entra em atividade pública deve entrar por amor, não por dinheiro. Quem está atrás de riqueza, de dinheiro, deve procurar outro setor, e não a vida pública". Outra declaração infeliz lhe custaria o Ministério da Educação em março de 2015. "A direção da Câmara será um problema grave para o Brasil", discursou ele num evento na Universidade Federal do

Pará, cutucando Eduardo Cunha e seu séquito anti-Dilma. "Na Câmara existem uns trezentos ou quatrocentos deputados para quem vale o 'quanto pior, melhor'. Eles querem que o governo esteja frágil, pois assim podem achacar, tomar e tirar mais dele." O presidente da Câmara reagiu assim que as palavras chegaram a seus ouvidos: "Ele vai ter que vir aqui explicar quem são os achacadores. Um governo que tem como lema 'pátria educadora' não pode ter um ministro da Educação mal-educado". Convocado pela Câmara, o ministro não teve como escapar. No plenário, alguns dias depois, Cid iniciou seu discurso buscando se desculpar com os deputados, em obediência às ordens de Dilma, mas acabou perdendo o controle. Dirigindo-se ao PMDB de Cunha, ele disse: "Partido de situação tem o dever de ser situação. Ou então largue o osso, saia do governo e vá para a oposição. O partido tinha só cinco ministérios. Criou dificuldades, conquistou o sexto. Agora quer o sétimo. Vai querer o oitavo…". O plenário se incendiou. Cunha, que presidia a sessão, também foi alvejado por Cid: "Prefiro ser acusado de mal-educado a ser como ele, acusado de achaque". Foi uma referência às suspeitas que àquela altura já pairavam sobre o deputado na Operação Lava Jato. Em meio à algazarra, o presidente da Câmara mandou que desligassem o microfone do ministro, que foi embora pisando duro. A poucos passos dali, no outro lado da Praça dos Três Poderes, Dilma custava a acreditar nos relatos sobre o episódio surreal que se passara na Câmara. Poucos minutos depois, sentado à mesa localizada no ponto mais alto do plenário, Eduardo Cunha anunciou com deleite que o ministro da Educação havia acabado de pedir demissão. O comunicado foi feito por ele em primeira mão, antes mesmo de o Palácio do Planalto divulgar uma nota oficial. Foi uma clara vitória do presidente da Câmara. Se Cid não tivesse se antecipado e tomado a iniciativa de pedir as contas, Cunha teria pressionado a presidente da República a despedi-lo. Dilma, ciente do suicídio político que seria bater de frente, teria cedido.

A queda de Dilma

Dilma Rousseff acolheu ministros que não tinham aptidão para os negócios de suas respectivas pastas, ministros que batiam cabeça com os colegas e ministros que deviam explicações sobre atos suspeitos. Como se fosse pouco, a presidente cercou-se também de ministros que no futuro se revelariam traidores descarados e, em troca das benesses oferecidas pelos conspiradores, a abandonariam durante o processo de impeachment. Para Maquiavel, a presidente moldou o governo Dilma 2 com pés de barro.

> *Quando perceberes que um ministro pensa mais em si do que em ti e que em todas as suas ações ele busca proveito pessoal, esse não é um bom ministro e nunca poderás confiar nele. Quem tem o Estado em mãos não deve nunca pensar em si mesmo, mas sempre no príncipe.*
>
> (*O Príncipe*, cap. 22)

As palavras de Cid Gomes em março de 2015 quase detonaram uma guerra aberta entre a Câmara dos Deputados e o Palácio do Planalto. Se tivesse sido minimamente atenta, Dilma teria conseguido identificar entre aquelas palavras uma advertência a respeito do PMDB que na hora estava mais para mero arroubo retórico, mas depois se mostraria terrivelmente profética: "O partido tinha só cinco ministérios. Criou dificuldades, conquistou o sexto. Agora quer o sétimo. Vai querer o oitavo. Vai querer a Presidência da República".

MANDAMENTO 8

Faz as maldades de uma só vez e as bondades a conta-gotas

Os primeiros movimentos pós-eleitorais indicavam que Aécio Neves, o candidato derrotado, seria a grande pedra no sapato do governo Dilma 2. Não fazia nem sequer uma semana que a corrida presidencial de 2014 se encerrara, e o PSDB já batia nas portas do Tribunal Superior Eleitoral (TSE) pedindo uma auditoria das urnas eletrônicas. Na avaliação dos tucanos, o sistema online de votação não era confiável, o que os levou a tentar convencer que foram falhas técnicas e até mesmo fraudes o que deu à presidente Dilma Rousseff os votos decisivos para a magra vitória no segundo turno – ela teve 51,6% dos votos; ele, 48,4%. Poucas semanas depois, o PSDB voltou ao TSE com outra ação. Os tucanos pediram que a Justiça Eleitoral atestasse Aécio como o vencedor da eleição presidencial de 2014, e não Dilma, sob o argumento de que delatores afirmaram à Operação Lava Jato que a campanha petista fora abastecida com dinheiro adulterado da Petrobras. Tratava-se naquele momento, porém, apenas de declarações de delatores publicadas nos jornais, pendentes de investigação e comprovação. O sonho era que a chapa de Dilma fosse cassada e que Aécio subisse a rampa do Palácio do Planalto no lugar dela em 1º de janeiro de 2015. Os tucanos ainda apresentaram ao TSE outras três ações. Alguns meses depois, a auditoria das urnas feita pelo próprio PSDB comprovou a lisura da votação eletrônica. E nenhuma das quatro ações judiciais restantes prosperou enquanto a presidente esteve no poder. A obsessão do PSDB com o TSE tinha motivo. Caso a sentença da Justiça Eleitoral fosse pela condenação, ocorreria a dupla queda de Dilma Rousseff e Michel Temer, o que abriria caminho para Aécio concorrer novamente ao Palácio do Planalto. Foi por isso que, ao menos no início, os tucanos não moveram uma palha sequer para o avanço do pedido de impeachment. Sendo o impedimento aprovado pelo Congresso Nacional, a guilhotina cortaria apenas a cabeça de Dilma e o poder cairia diretamente no colo de Temer, deixando Aécio a ver navios. Depois daqueles movimentos voluntariosos no TSE, o partido e o candidato derrotado, em vez de grandes líderes da oposição, acabaram sendo relegados ao papel de coadjuvantes, quase figurantes, no governo Dilma 2. O antagonismo foi assumido integralmente e com maestria pelo deputado Eduardo Cunha, o novo presidente da Câmara dos Deputados. Comparadas com toda a sabotagem que Cunha arquitetaria e executaria, as maquinações de Aécio contra Dilma não passaram de cutucadas infantis.

A presidente Dilma Rousseff não tinha a ilusão de que navegaria em águas calmas com Eduardo Cunha ocupando a cadeira mais alta da Câmara, mas não imaginava o quão longe ele chegaria com o intuito de deixar o Palácio do Planalto sob seu jugo. Obstinado, o deputado concentrou toda a artilharia na aprovação de projetos de lei que diminuiriam as forças da presidente e criariam contas extras a serem pagas por ela. Naquele momento, praticamente todas as propostas que o governo enviava ao Congresso tinham como objetivo cortar os gastos e aumentar a arrecadação, de modo a tirar as contas públicas do vermelho. O aperto financeiro chegara a um ponto tão dramático que o governo comemorou a greve de 2015 dos funcionários do INSS, pois, com a redução do atendimento e o represamento da demanda, menos pessoas passariam a receber aposentadoria, pensão e auxílio-doença.

Para o Planalto, o famigerado ajuste fiscal era a prioridade das prioridades. Com Cunha manobrando uma tropa de deputados considerável, a missão de fazer o governo naufragar não seria difícil.

O presidente da Câmara fez o disparo de teste na primeira semana de reinado. Em fevereiro de 2015, ele liberou a criação de uma comissão parlamentar de inquérito destinada a investigar o esquema de corrupção que corroía a Petrobras. Cientes de que uma CPI da Petrobras teria potencial para chacoalhar o governo, os petistas reagiram. Eles tentaram diluir a investigação incluindo também os anos da gestão Fernando Henrique Cardoso na mira dos deputados, mas a bancada particular de Cunha conseguiu restringi-la às gestões Dilma e Lula. A CPI da Petrobras que fora conduzida em associação pela Câmara e pelo Senado em 2014, quando os parlamentares eram chefiados pelo deputado Henrique Eduardo Alves (PMDB-RN) e pelo senador Renan Calheiros (PMDB-AL), ambos governistas, terminara em pizza, sem deixar que nenhuma sujeira respingasse no Palácio do Planalto. Eduardo Cunha jurava que o desfecho agora seria diferente. A ofensiva contra o Planalto continuou. Na segunda semana, o novo chefe dos deputados desengavetou uma proposta que forçaria o governo a liberar 100% do dinheiro previsto a cada ano nas emendas parlamentares, que quase nunca era pago integralmente. O governo utilizava as emendas do orçamento federal como moeda de troca, condicionando a liberação do dinheiro à aprovação de determinados projetos de lei, ou então as desviava para ajudar no pagamento dos juros da dívida pública. O texto do chamado orçamento impositivo avançava no Congresso a passos de tartaruga. A proposta original fora apresentada em 2000 pelo lendário senador baiano Antonio Carlos Magalhães, morto em 2007. Mesmo tão desejada pelos parlamentares, ela jamais fora aprovada em definitivo. Só mesmo um chefe como Cunha para peitar o Planalto e submetê-la à derradeira votação no plenário. Para desespero do governo, o orçamento impositivo foi aprovado e entrou em vigor poucas semanas mais tarde.

Involuntariamente, Dilma Rousseff pôs à prova a teoria de Nicolau

Maquiavel a respeito dos efeitos nocivos dos castigos que não são aplicados ou que são aplicados sem crueldade. Teoria comprovada. Os deputados da base governista haviam feito pouco caso das ameaças da Presidência da República e promovido Eduardo Cunha. Já que não veio nenhum tipo de retaliação, eles placidamente continuaram traindo Dilma, como nos episódios da CPI da Petrobras e do orçamento impositivo. Nos cem dias iniciais do governo Dilma 1, a presidente havia conseguido vencer 100% das votações de seu interesse na Câmara. Nos cem dias iniciais do governo Dilma 2, a mandatária só triunfou em 66% das situações.[21] Dos 182 deputados que assinaram o pedido de criação da CPI da Petrobras, 52 pertenciam a partidos governistas. O orçamento impositivo, que abriria a torneira das emendas parlamentares, passou com um placar avassalador: 452 votos a 18. Até mesmo nomes do PT acima de qualquer suspeita acabaram se insubordinando. O ex-presidente da Câmara Marco Maia (PT-RS) e o ex-líder da bancada petista Vicentinho (SP) ajudaram a aprovar medidas combatidas por Dilma.

A oposição oficial, encabeçada pelo PSDB, testemunhava boquiaberta a desenvoltura com que a ala antigovernista do PMDB, partido integrante da coalizão presidencial, aproveitava cada oportunidade para puxar o tapete de Dilma. Em março de 2015, sob a batuta de Cunha, a Câmara aprovou um magnífico reajuste salarial para os funcionários dos tribunais federais, entre 53% e 78,5%, conforme o cargo. Em maio, os deputados contrabandearam para uma medida provisória uma emenda que afrouxaria o fator previdenciário (o desconto aplicado aos proventos daqueles que se aposentavam antes do tempo regulamentar) e incentivaria as aposentadorias precoces. Em junho, a Câmara enxertou mais um contrabando em outra medida provisória, determinando que as aposentadorias do Instituto Nacional do Seguro Social (INSS) passariam a ser aumentadas toda vez que o salário mínimo fosse reajustado e com a mesma porcentagem. As três propostas integraram aquilo que os jornais apelidaram de "pauta-bomba", por causa do potencial explosivo para as finanças do governo. Entrando em vigor, essas benesses para a população deixariam mais distante o ajuste fiscal. Por isso, todas as dádivas concedidas pelos deputados foram posteriormente vetadas por Dilma Rousseff.

> *O mal deve ser feito de um jato, de modo a que a fugacidade do seu sabor amargo faça fugaz a dor que ele traz. O bem, ao contrário, deve ser concedido pouco a pouco, para que o seu gosto seja melhor apreciado.*
> *(O Príncipe, cap. 8)*

Diante da inevitabilidade das medidas impopulares, Nicolau Maquiavel recomenda ao príncipe que vá acumulando o máximo possível de maldades necessárias para depois despejá-las todas de uma só tacada sobre a população. Assim, os súditos se enraivecem uma única vez, com baixa probabilidade de se insurgirem. Ainda que a agressão tenha grandes proporções, a raiva é domável e acaba sendo apagada pelo tempo. Quando, ao contrário, sobre suas cabeças cai uma maldade atrás da outra, incessantemente, o que os súditos sentem são raivas sucessivas e uma mais ressentida do que a anterior. Ao mesmo tempo, eles passam a viver com o temor constante de que o príncipe surgirá a qualquer momento disparando novas maldades. Forma-se o ambiente propício para as conspirações. Cansados das maldades, os súditos se veem impelidos a derrubar o soberano e levar ao trono um príncipe mais benevolente. Diante do pacote de bondades aprovado pelo Congresso Nacional, Dilma não viu alternativa senão vetar os projetos à medida que chegavam a seu gabinete. Os cofres públicos, claro, agradeciam, mas uma parcela importante da população – os funcionários do Judiciário, os trabalhadores perto da aposentadoria e as pessoas que já estavam aposentadas – não via graça nenhuma nas repetidas canetadas. Cunha transformava a presidente da República numa desmancha-prazeres e minava pouco a pouco a já avariada popularidade do governo Dilma 2.

Os créditos, no entanto, não devem ser dados todos a Eduardo Cunha. A própria Dilma Rousseff ignorou a instrução de Nicolau Maquiavel a respeito das maldades. Em vez de sair "de um jato", várias outras medidas impopulares pingaram do Palácio do Planalto o tempo todo. Tudo começou com o aumento da gasolina e da energia elétrica e com o endurecimento das regras para a obtenção de benefícios trabalhistas. Mais maldades seriam entregues ao longo de 2015. Em fevereiro, Dilma apresentou uma proposta que cortaria os incentivos tributários que vinham sendo concedidos a dezenas de setores produtivos – como os de sapatos, roupas, brinquedos, remédios e transporte de cargas. Isso deixaria inúmeros produtos mais caros, descontentando industriais (que produziriam menos), comerciantes (que venderiam menos), consumidores (que comprariam menos) e trabalhadores (que, por causa de todo esse desaquecimento da economia, iriam para o olho da rua). Em agosto, a presidente redigiu uma medida provisória que elevaria substancialmente os impostos incidentes sobre vinhos, uísques, cachaças, celulares, computadores e tablets. Em setembro, o governo remeteu ao Congresso uma proposta de emenda à Constituição que recriaria a Contribuição Provisória sobre Movimentação Financeira (CPMF), o tributo mais odiado de toda a história republicana, que abocanharia automaticamente 0,2% de toda e qualquer operação bancária que os brasileiros fizessem.

De acordo com Nicolau Maquiavel, o príncipe empenhado em não perder a coroa precisa dar um tratamento racional também às bondades. A regra de ouro é, ao contrário das maldades, não acumular os agrados dentro de um grande pacote. As medidas de apelo popular devem ser avulsas, anunciadas a conta-gotas, para que os súditos se conservem constantemente satisfeitos e agradecidos e não cogitem a hipótese de trocar de senhor. Dilma Rousseff falhou também nesse ponto do receituário maquiavélico. Não que ela tenha anunciado várias medidas populares de uma só vez. Antes tivesse sido assim. O governo Dilma 2 simplesmente não teve bondade nenhuma para sacar. Por mais que se revirasse a cartola, dentro dela só se encontravam maldades. Armava-se o cenário perfeito para que os súditos "pegassem em armas" contra a mandatária.

MANDAMENTO 9

Sê firme e não voltes atrás nas tuas decisões

Sempre foi assim no Brasil. Quando as contas públicas entram no vermelho, os governantes nem sequer cogitam a hipótese de cortar gastos da máquina estatal ou melhorar a gestão do pouco dinheiro disponível. A reação automática é aumentar os impostos e cobrir o rombo à custa do sangue da população. No governo Dilma 2, após os gastos eleitoreiros de 2014 e a queda da arrecadação tributária, as esperanças de salvação do orçamento público foram todas depositadas na reprise da finada Contribuição Provisória sobre Movimentação Financeira (CPMF). O tributo original foi inventado em 1993, pelo presidente Itamar Franco e seu ministro da Fazenda, Fernando Henrique Cardoso, com o nome de Imposto Provisório sobre Movimentação Financeira (IPMF). Vigorou durante um ano apenas. Em 1997, o governo Fernando Henrique recriou o tributo, agora batizado de CPMF, que inicialmente abocanhava 0,2% de toda e qualquer transação bancária, como o saque de dinheiro no caixa eletrônico, o pagamento da conta de luz em débito automático e o simples uso de uma folha de cheque. Para conseguir sacar R$ 100, o correntista precisaria ter pelo menos R$ 100,20 na conta se não quisesse cair no cheque especial. A CPMF era quase imperceptível para as pessoas nas movimentações financeiras do dia a dia, mas ficava dolorosa nas operações que envolviam cifras maiores, como a compra de uma casa, e nos negócios das empresas. A arrecadação ia toda para o financiamento da rede pública de saúde. Com o tempo, foi sendo canalizada para destinos menos nobres, como o pagamento dos juros da dívida pública. A contribuição nasceu provisória, mas, após sucessivas renovações, tornou-se permanente. Para alívio da população e do setor produtivo, um ato de rebeldia do Congresso Nacional contra o presidente Luiz Inácio Lula da Silva sepultou o tributo em 2007. A partir de então, a volta do dinheiro fácil da CPMF esteve constantemente na lista de desejos do Palácio do Planalto, mas foi quase uma década mais tarde, em 2015, que a ressurreição do famigerado tributo de fato se tornou questão de vida ou morte. Sim, a presidente Dilma Rousseff já havia tomado medidas para tentar devolver a saúde às contas públicas, mas todas muito tímidas. Não existiam verdadeiras reformas no horizonte. O endurecimento do acesso aos direitos trabalhistas e o aumento dos impostos dos produtos de beleza, por exemplo, eram ações minúsculas, simples remendos, diante do tamanho do buraco a ser tapado. À beira da bancarrota, Dilma passou a encarar os bilhões de reais que a CPMF faria jorrar como a salvação não apenas das finanças públicas, mas também de seu próprio governo.

Não havia mistério: bastaria que a presidente discutisse os termos da nova CPMF com os ministros da área econômica, avisasse os partidos aliados na Câmara e no Senado, remetesse uma proposta de emenda constitucional ao Congresso, convencesse os parlamentares da importância e da urgência do tributo, negociasse com eles mudanças pontuais e, por fim, aguardasse a desejada aprovação da proposta. O roteiro político não foi seguido. Diante de uma situação financeira tão grave e de uma medida tão delicada, o governo Dilma agiu como barata tonta. Em junho de 2015, o ministro da Saúde, Arthur Chioro, saiu por conta própria em busca do apoio dos governadores para a recriação da CPMF. O ministro da Fazenda, Joaquim Levy, imediatamente pediu que o colega ficasse quieto porque o governo ainda não tinha se decidido sobre a conveniência de patrocinar um tributo tão impopular. O assunto apenas adormeceu. Em agosto, enquanto usava a calculadora para elaborar o orçamento federal de 2016, Dilma Rousseff se deu conta de que o dinheiro que ela tinha à disposição não seria suficiente para cobrir todas as despesas do ano. Decidiu que esse, sim, era o momento de tirar a CPMF da manga. Os empresários espernearam na hora, pois o tributo encareceria o processo produtivo e reduziria ainda mais a demanda, já baixa por causa da recessão. Os governadores também gritaram, pois uma depressão maior no consumo teria um impacto catastrófico no tamanho dos repasses federais e no recolhimento dos tributos estaduais. Apenas três dias depois, desorientada pela saraivada de críticas, a presidente da República abandonou a ideia da CPMF.

Sem o dinheiro fácil da CPMF, Dilma Rousseff acabou remetendo para a aprovação do Congresso um orçamento com previsão de déficit para 2016, admitindo que gastaria mais do que arrecadaria. Em outras palavras, era uma confissão de que havia perdido o controle das finanças públicas. Foi um tiro no pé. Ato contínuo, as agências internacionais de classificação de risco retiraram do Brasil o selo de bom pagador. Como as grandes multinacionais só aplicam dinheiro em países que contam com esse selo, os investidores estrangeiros começaram a fugir, agravando a recessão. Assustada com a decisão rápida e implacável das agências de classificação de risco, Dilma voltou a revirar sua cartola, mas só encontrou a mesma CPMF. O jeito foi colocar novamente o tributo sobre a mesa. Mais chiadeira. O presidente da Câmara, Eduardo Cunha, avisou que havia "chance zero" de o projeto passar.[22] O presidente do Senado, Renan Calheiros, foi menos incisivo, mas passou a mesma mensagem: "Há uma resistência histórica do Congresso Nacional para elevar a carga tributária".[23] Já de olho na faixa presidencial, até o vice-presidente Michel Temer colocou-se contra a presidente da República e sugeriu aos grandes empresários que pressionassem os deputados e senadores a não aprovar a nova CPMF. Dessa vez, por fim, Dilma não recuou. Em setembro de 2015, após inúmeras idas e vindas, o Congresso recebeu do Palácio do Planalto a proposta de ressuscitar a CPMF. O tributo absorveria

0,2% do valor de cada movimentação bancária, iria para o deficitário caixa da Previdência Social, responsável pelo pagamento das aposentadorias, e expiraria quatro anos após sua aprovação.

> *Como o navegante evita o rochedo, o príncipe deve evitar ser tido como volúvel, leviano, afeminado, covarde e irresoluto e deve empenhar-se para que em suas ações se reconheçam grandeza, coragem, seriedade e fortaleza. O príncipe que tiver tal opinião de si mesmo terá grande reputação. Quem goza de reputação dificilmente é alvo de conspiração e ataque, pois é tido como excelente e reverenciado pelos súditos.*
>
> (*O Príncipe*, cap. 19)

Nicolau Maquiavel é categórico: o príncipe indeciso e titubeante está fadado a ser deposto. Quando ele começa a agir sem convicção e, ante qualquer pressão, muda de opinião e volta atrás nas decisões, os súditos compreendem que aquele que deveria garantir-lhes proteção e segurança não tem capacidade para tanto. Eles se sentem vulneráveis e indefesos diante de eventuais revoltas internas e agressões externas. Como podem permitir que o poder continue nas mãos de uma figura volúvel e débil? Ao mesmo tempo, os adversários do soberano percebem que vale a pena fazer investidas para derrubá-lo, pois preveem que ele não conseguirá resistir – ou por não ter forças suficientes, ou por hesitar no contra-ataque. Quando os súditos, em busca da própria sobrevivência, convencem-se de que o governante precisa ser substituído por outro mais forte, capaz de manter a integridade e a paz do principado, os conspiradores encontram o cenário perfeito para tomar o poder.

A presidente não fez nada na metade inicial do curto governo Dilma 2 a não ser tentar consertar as contas públicas. As demais áreas da administração federal ficaram esquecidas e paralisadas. Todo o foco sobre as questões financeiras, entretanto, não significa que elas tenham sido enfrentadas com reflexão, rigor, método e eficiência. Como demonstrou o caso da CPMF, toda vez que as finanças tocavam o fundo do poço, Dilma Rousseff sofria um espasmo que a impelia a tomar alguma medida no susto, por puro reflexo, para logo em seguida, após refletir um pouco, deixá-la para trás. A lista de hesitações foi extensa. Em agosto de 2015, por falta de dinheiro em caixa, a presidente resolveu não antecipar a primeira metade do 13º salário dos 30 milhões de aposentados e pensionistas do INSS. O adiantamento não era obrigatório por lei, mas, por liberalidade do governo, vinha sendo pago religiosamente todo agosto desde 2006, longínqua época de vacas gordas. Buscando adiar o desembolso, Dilma optou dessa vez por pagar o benefício integral apenas em dezembro, mês em que costumava cair a segunda parcela. A decisão de acabar com o adiantamento foi claramente atabalhoada, pois o governo a tomou no exato mês em que a primeira metade do benefício deveria entrar na conta dos aposentados e pensionistas. O próprio PT de Dilma botou a boca no trombone, e os sindicatos recorreram ao Supremo Tribunal Federal. A presidente não esperava uma repercussão tão negativa. Sentindo-se acuada, ela teve que renegar seu plano inicial. Como já não havia tempo hábil para restabelecer o calendário original de pagamento, a primeira parcela do 13º acabou sendo liberada não em agosto, mas em setembro.

O Brasil viu a presidente Dilma Rousseff manipular outros dois balões de ensaio** em setembro de 2015. O primeiro deles foi o aviso de que uma fatia de cada emenda parlamentar passaria a ser obrigatoriamente destinada às obras do Programa de Aceleração do Crescimento (PAC). Os deputados e senadores normalmente destinavam as emendas parlamentares a suas bases eleitorais, para o recapeamento de rodovias, a construção de postos de saúde e a reforma de escolas, por exemplo. São obras relativamente pequenas, mas que têm apelo entre os eleitores e dão visibilidade ao parlamentar nas cidades beneficiadas. Criado no governo Luiz Inácio Lula da Silva, o PAC financiava grandes obras de infraestrutura pelo Brasil afora, como rodovias, portos, linhas de metrô e usinas hidrelétricas. No lugar de escolher livremen-

---

** "Balão de ensaio" é um jargão jornalístico que significa "informações vazadas intencionalmente com a finalidade de verificar a popularidade de uma medida". (N. E.)

te onde aplicar as emendas, os deputados e senadores seriam obrigados a selecionar alguma das obras do PAC previamente listadas pelo governo federal. Foi a forma que Dilma encontrou para impedir que o PAC morresse por falta de dinheiro e, ao mesmo tempo, compensar as perdas do governo com o recém-aprovado orçamento impositivo, que tornava obrigatória a liberação das verbas das emendas parlamentares. A presidente, na prática, faria caridade com o chapéu dos congressistas. Com a mudança planejada, eles perderiam o direito de afagar seu eleitorado, já que poucas cidades do país tinham obras do PAC. Como passou pela cabeça de Dilma a ideia de que os deputados e senadores aceitariam esse golpe passivamente? A gritaria não veio apenas dos parlamentares da oposição e daqueles subordinados ao deputado Eduardo Cunha, mas também do próprio PT. Para não dinamitar de vez sua já claudicante base parlamentar, Dilma rapidamente se retratou e pediu que desconsiderassem a mudança nas emendas parlamentares.

O segundo balão de ensaio manipulado pela presidente em setembro de 2015 despertou a ira de outro grupo poderoso, o dos empresários. Para fazer caixa, o governo anunciou que começaria a embolsar uma parcela do imposto federal que ia diretamente para as escolas do Sistema S – entre elas o Senai, o Senac e o Sebrae –, que são dirigidas por entidades empresariais e oferecem cursos de qualificação profissional a microempresários e a trabalhadores da indústria e do comércio. O plano era que, do valor total que o governo repassava ao Sistema S, 30% passassem a pagar as aposentadorias do Instituto Nacional do Seguro Social (INSS). Pegos de surpresa, os empresários alertaram que seriam forçados a cobrar pelos cursos técnicos ou, pior, a fechar escolas. Para o presidente da Federação das Indústrias do Estado de São Paulo (Fiesp), Paulo Skaf, tratava-se de um confisco. "Se o governo encaminhar a proposta, estaremos prontos para a guerra no Congresso Nacional", advertiu.[24] Até o ministro do Desenvolvimento, Armando Monteiro, saiu a público para dizer que sua chefe havia cometido um equívoco. Surpresa com as reações, Dilma propôs baixar a perda do Sistema S de 30% para 20%. Os donos do produto interno bruto (PIB) continuaram batendo o pé. O instinto de sobrevivência falou mais alto, e a presidente engavetou mais essa ideia.

Na mesma época, em agosto de 2015, a equipe de Dilma Rousseff chamou os jornalistas para fazer outro anúncio estrondoso: o governo, por fim, daria um jeito no inchaço do gabinete ministerial. Brasília abrigava 39 ministérios, que não cabiam nos 19 prédios existentes na Esplanada dos Ministérios. Nenhum outro presidente da República teve tantos ministros quanto Dilma. Pelo anúncio, dez ministérios seriam extintos. Era uma medida apenas simbólica, quase demagógica, pois os funcionários públicos, por lei, não podem ser demitidos. Aqueles alocados nas repartições fechadas apenas seriam transferidos para outras, sem afetar significativamente os gastos públicos. De qualquer forma, o governo esperava angariar um mínimo de simpatia popular, mostrando que o equilíbrio das finanças nacionais não viria apenas do aumento dos impostos pagos pela sociedade, mas também do sacrifício do poder público, que cortaria na própria carne e reduziria custos. Seria perfeito se não fosse por um detalhe: quando fez o anúncio, o governo não tinha a menor ideia de quais ministérios seriam eliminados. Anunciou por anunciar, sem nenhum estudo prévio. O número dez fora escolhido ao acaso, muito provavelmente por ser redondo e impactante. A atitude foi de um amadorismo brutal. Ao longo das semanas que se seguiram, vários ministros foram consumidos menos pelo trabalho e mais pela ansiedade de imaginar que seus gabinetes passariam pela guilhotina de Dilma.

A nova configuração da Esplanada dos Ministérios só sairia mais de um mês depois, em outubro. E o corte acabaria sendo de oito ministérios, em vez dos dez prometidos. O governo não deu conta de cumprir a meta que se impusera. O que ocorreu foi a fusão de ministérios. O Ministério do Trabalho e o da Previdência Social, por exemplo, viraram um só. A Secretaria de Direitos Humanos, a de Políticas para as Mulheres e a de Promoção da Igualdade Racial foram agrupadas num mesmo ministério. Questionada na campanha eleitoral de 2014 sobre a profusão de ministérios, Dilma respondeu que o número de então era o adequado e que só seria enxugado por alguém que tivesse "uma imensa cegueira tecnocrática". Dadas as novas contingências, precisou dar o braço a torcer. Contudo, houve um efeito adverso. Ela acabou diminuindo seu poder de barganha com o Congresso Nacional. A presidente passou a dispor de menos ministérios para abrigar os partidos aliados. Na mesma ocasião, Dilma anunciou uma redução de 10% no salário dela própria, do vice e dos ministros. Como essas, em tese, eram medidas do agrado popular, foi a própria mandatária quem as apresentou, no Planalto, durante a posse dos novos titulares dos ministérios. Ela tentava, assim, colher os frutos do segundo mandamento maquiavélico ("anuncia tu as boas notícias e incumbe outros de anunciar as más"). O problema é que a população não deu a mínima.

Sem ter elaborado uma rota de voo clara, Dilma Rousseff protagonizou vaivéns atordoantes. Se testemunhasse tantas decisões sendo atiradas pela janela, Nicolau Maquiavel seguramente descreveria a presidente do Brasil como "volúvel, leviana, afeminada, covarde e irresoluta", adjetivos pouco lisonjeiros que tornam o príncipe merecedor do desprezo dos súditos. Dilma tinha pinta de durona, mas suas atitudes em nada transpareciam "grandeza, coragem, seriedade e fortaleza". Pronunciado hoje, o adjetivo "afeminado" pode soar pejorativo e até cômico, mas fazia sentido no contexto em que Maquiavel o empregou. Na passagem do século XV para o XVI, às mulheres não era permitido participar ativamente da sociedade. A influência delas sobre monarcas e generais era considerada prejudicial para o governo e para a guerra. O próprio Maquiavel explica em seu manual do poder que o príncipe afeminado é aquele que "se deixa guiar pela mãe". O governante sem vontade própria, alerta o pensador político, está condenado à derrota.

MANDAMENTO 10

Estende os teus tentáculos por todo o principado

Dilma Rousseff acreditou que a recriação da Contribuição Provisória sobre Movimentação Financeira (CPMF) seria capaz de consertar o mal que os gastos eleitoreiros e a queda da arrecadação fizeram às contas públicas. Para a presidente, o imposto era um remédio amargo e necessário. Por se tratar de uma proposta do Poder Executivo, a CPMF deu entrada no Congresso Nacional pelo guichê da Câmara dos Deputados. Ao recebê-la em seu gabinete, em setembro de 2015, o presidente da Câmara, Eduardo Cunha, fez um deboche ao decretar o destino dela: "É mais fácil o sargento Garcia prender o Zorro do que a Câmara aprovar algum novo imposto".[25] Sem a aprovação da CPMF, o deficit das contas públicas ganharia proporções catastróficas, arrasando a economia nacional. A popularidade de Dilma, que já estava baixa, cairia até o nível do volume morto, tirando o pouco que lhe restava de respaldo social no processo de impeachment que ainda estava em fase de planejamento. Era o que Cunha desejava.

Na Câmara dos Deputados, todas as propostas legislativas precisam, antes de mais nada, passar pela peneira da Comissão de Constituição e Justiça (CCJ). Nela, os deputados dão uma olhada por alto nos papéis, para verificar se cumprem todos os requisitos burocráticos e legais. Por ordem expressa de Eduardo Cunha, a CCJ não sacodiu sua peneira, e a CPMF ficou deliberadamente esquecida, apesar dos apelos desesperados da presidente Dilma Rousseff. Cunha não precisou fazer esforço. Ele havia confiado a presidência da CCJ ao deputado Arthur Lira (PP-AL), um aliado de todas as horas, que se encarregou de manter o freio acionado. O mandato de Lira à frente da comissão expiraria logo, no início de 2016. Para não perder o controle sobre a CPMF na virada do ano, ele se voluntariou para ser o relator da proposta. O subordinado não traiu a confiança do chefe. Dilma e seus deputados nada puderam fazer enquanto o sonho do tributo bilionário mofou nos escaninhos da CCJ.

A mesma desventura teve a proposta que prolongaria a validade da Desvinculação de Receitas da União (DRU), um artifício legal que dá ao governo liberdade para gastar como bem entender uma fatia do dinheiro arrecadado com os impostos que, por lei, têm destino obrigatório. A Contribuição para Financiamento da Seguridade Social (Cofins) é um desses tributos vinculados. Cobrada dos empresários, ela precisa ser aplicada integralmente em ações públicas de saúde, previdência e assistência social. Por causa da DRU, o governo fica livre para drenar uma porcentagem da Cofins para pagar os juros da dívida pública, por exemplo. Esse artifício é uma mão na roda para o governo, especialmente nos períodos de arrocho fiscal. Como a DRU caducaria em dezembro de 2015, a presidente Dilma Rousseff enviou ao Congresso em julho uma proposta prorrogando sua vigência por oito anos. O presidente da Comissão de Constituição e Justiça já sabia o que fazer. Somente em novembro a DRU conseguiu o aval da comissão para avançar. Logo em seguida, criou-se uma comissão especial para estudar a proposta do governo, também com ordem expressa para não ter nenhuma pressa. Viu-se a mesma história da CPMF. Enquanto mandou na casa legislativa, Cunha não permitiu que a DRU prosperasse. Resultado: com o orçamento federal completamente engessado em razão da extinção programada da DRU, Dilma começou 2016 em mais apuros ainda.

> *Uma das mais agudas e eficazes medidas a serem adotadas pelo príncipe é morar nas terras por ele conquistadas. Outra excelente medida é enviar colonos, assentando-os em uma ou duas zonas do território conquistado. Radicando-se no próprio território, vê-se o nascedouro das desordens e num pronto podem-se remediá-las. Os estrangeiros que tentarem invadir esse Estado hesitarão em fazê-lo. Fazendo-se ausente do território conquistado, só se toma conhecimento das desordens quando assumem uma tal proporção que mais nenhum remédio pode agir. Conclui-se que, nele residindo ou a ele enviando colonos, serão remotas para o príncipe as chances de perdê-lo.*
>
> (*O Príncipe*, cap. 3)

De acordo com Nicolau Maquiavel, a ausência do príncipe das terras estratégicas é um convite para que os adversários ataquem essas áreas desassistidas. Sendo impossível que o príncipe esteja fisicamente presente em todo o território, ele precisa ser representado por colonos de sua inteira confiança, capazes de barrar as investidas inimigas. Com Eduardo Cunha liderando um dos braços do Poder Legislativo, Dilma Rousseff não conseguiu estabelecer uma mísera colônia sequer dentro da Câmara dos Deputados. Cunha já havia fincado sua bandeira em todos os rincões possíveis. Além de contar com uma caudalosa bancada pessoal de deputados, disposta a votar de acordo com suas ordens, Cunha ainda tinha controle direto sobre todos os postos estratégicos. Os projetos de lei passaram a sair da Câmara do jeitinho que ele desejava – em outras palavras, do jeitinho que Dilma não desejava.

Nas demais comissões, assim como na CCJ, o presidente da Câmara também deitou e rolou. Eram como propriedades suas. Quem respondeu pela condução da CPI da Petrobras foi o deputado Hugo Motta (PMDB-PB), tão íntimo de Cunha que o gabinete do parlamentar paraibano pagava pelos serviços de marketing político prestados pela publicitária Danielle Dytz da Cunha, a filha mais velha do deputado fluminense.[26] A ingerência do presidente da Câmara chegou a ponto de ele, com apenas uma canetada, fechar uma comissão que se recusou a obedecer às suas ordens. Foi a comissão especial dedicada à reforma político-eleitoral. O presidente e o relator escolhidos, como sempre, foram aliados seus: os deputados Rodrigo Maia (DEM-RJ) e Marcelo Castro (PMDB-PI), respectivamente. O relator, após organizar audiências públicas com respeitados cientistas políticos, convenceu-se de que o distritão, um dos pontos em estudo, não seria o modelo mais adequado para a eleição de vereadores e deputados federais e estaduais. Pelas regras vigentes naquele momento, a eleição para todo o Poder Legislativo (à exceção do Senado) era proporcional: o parlamentar se elegia não apenas com seus próprios votos, mas também com os votos dados a seu partido ou coligação. A principal falha que se detectava no sistema proporcional era o "efeito Tiririca". Em 2010, o palhaço Tiririca (PR-SP) se elegeu deputado federal por São Paulo e, em razão da impressionante marca de 1,3 milhão de votos (a segunda maior votação da história da Câmara), arrastou consigo para Brasília três candidatos (do PRB, do PT e do PCdoB) que obtiveram pífios 95 mil votos e jamais teriam sido eleitos deputados caso não estivessem coligados com o partido do candidato famoso. Com o distritão, a votação se tornaria majoritária e os parlamentares passariam a depender unicamente de seus próprios votos. Cada estado (nas eleições para deputado federal e estadual) ou município (nas votações para vereador) seria um grande distrito. O personalismo passaria a ser decisivo, e os partidos se tornariam irrelevantes. "O distritão é a luta de todos contra todos. Quem gastar mais terá mais chance de vir para a Câmara", concluiu Castro, reforçando a crítica dos cientistas políticos.[27] Mas era exatamente o "todos contra todos" o que Cunha queria, afinal isso o deixaria em vantagem, por manter excelentes relações com os empresários financiadores das campanhas políticas. Além desse, outros pontos do relatório de Castro desagradaram ao presidente da Câmara. "É até uma falta de inteligência política", criticou Cunha, que, num acesso de fúria, fechou a comissão em maio de 2015, depois de três meses de trabalho, sem o projeto ser votado.[28] "Ele [Cunha] foi autoritário e desrespeitoso", lamuriou o relator. Maia, o presidente da comissão, tomou partido do comandante: "Ninguém foi feito de bobo. Ele sabia havia muito tempo qual era a vontade do presidente da Câmara".[29] Fechada a comissão, Cunha levou o projeto diretamente para o plenário, onde foi relatado por Maia de acordo com os caprichos do chefe, implantando o questionável distritão e, de quebra, deixando expressamente prevista na Constituição a permissão para que empresas financiassem as campanhas eleitorais – algo que, sem previsão constitucional, corria o risco de ser proibido pelo Supremo Federal Tribunal. O distritão acabou sendo rejeitado, mas o financiamento empresarial passou. Pelo menos um dos pontos da reforma político-eleitoral sonhada por Cunha foi aprovado pelo plenário – mas ainda teria de ser submetido ao Senado.

Eduardo Cunha aproveitou-se do posto para impulsionar outros projetos de lei de interesse dos empresários. Um deles permitiria que as empresas privadas terceirizassem todos os seus empregados. Um banco, por exemplo, em vez de ter seus próprios gerentes e caixas, passaria a alugar a mão de obra oferecida por uma empresa prestadora de serviços. Naquele momento, só era permitida a terceirização de funcionários das áreas de apoio das empresas, como a limpeza e a vigilância, mas não da área principal. Era uma proposta claramente ofensiva ao PT da presidente Dilma Rousseff, que via o risco de as companhias demitirem seus funcionários para contratar empresas fornecedoras de trabalhadores terceirizados mais baratos, dessa forma livrando-se dos custos impostos pelas leis trabalhistas e aumentando os lucros. Para anular a ação dos deputados governistas e fazer a sua própria vontade prevalecer, Cunha acionou outro de seus comandados, o líder da bancada do PMDB, deputado Leonardo Picciani (RJ), que apresentou uma emenda decisiva ao projeto, que no final foi aprovado pelo plenário liberando a terceirização ampla, geral e irrestrita. O projeto era de 2004 e jamais teria sido desarquivado e prosperado se não fosse a determinação de Cunha. Sob a batuta do deputado fluminense, a Câmara passou por um surto de produtividade. Quando o Palácio do Planalto perde o controle sobre o Congresso Nacional, os parlamentares ficam livres para aprovar tudo aquilo que bem entendem, incluindo projetos que o governo julga danosos de alguma forma para o país. A pauta de votações esteve sempre cheia durante a gestão de Cunha, e as propostas foram aprovadas numa velocidade extraordinária. No caso do projeto da terceirização, os deputados precisaram de apenas dois meses e meio meses para encerrar a votação e mandá-lo para os senadores.

O evangélico Eduardo Cunha delegou missões cruciais aos companheiros de espiritualidade. Um dos projetos mais caros à bancada evangélica era o do Estatuto da Família, que previa legalmente como família apenas aquela resultante da união entre homem e mulher, excluindo os homossexuais. A presidência da comissão especial encarregada de estudar o Estatuto da Família foi entregue ao pastor e deputado Sóstenes Cavalcante (PSD-RJ). Por causa do empenho dele, o projeto passou com facilidade na comissão – e só não foi diretamente para o Senado porque deputados militantes dos direitos humanos conseguiram as assinaturas necessárias para que o texto fosse submetido também ao plenário da Câmara. Outro expoente da bancada evangélica, embora fosse católico, o deputado André Moura (PSC-SE) ganhou o comando da comissão especial que votaria a redução da maioridade penal de 18 para 16 anos nos crimes mais graves. O relator dessa controversa proposta de mudança da Constituição foi o policial e deputado Laerte Bessa (PR-DF), que pertencia a outro grupo bastante afinado com Cunha – a bancada da bala, ansiosa por ver delinquentes de 16 e 17 anos atrás das grades. Era mais uma mudança que não agradava o PT nem Dilma. Enquanto dava uma entrevista a um repórter do jornal *Folha de S.Paulo* nos corredores da Câmara, o relator acabou entregando o quanto Cunha conseguia mandar e desmandar em suas colônias. Bessa contava que agendaria audiências públicas com especialistas sobre a redução da maioridade penal quando o repórter lhe avisou que Cunha desejava votar o projeto na comissão já na semana seguinte. "No dia 10, é?", surpreendeu-se ele. "Então tenho que ver o dia que ele vai querer." Atordoado, saiu em disparada rumo ao gabinete do presidente da Câmara. Minutos depois, ele voltou dizendo que a data anunciada por Cunha era a correta e que não haveria mais audiência pública nenhuma.[30] Moura, o presidente da comissão, e Bessa, o relator, corresponderam com fidelidade canina às expectativas de Cunha. Em questão de meses, a redução da maioridade penal foi aprovada e remetida para o Senado.

O deputado Eduardo Cunha repartiu os dez cargos da mesa diretora entre os grupos que apoiaram sua candidatura a presidente da Câmara. A mesa diretora responde pela administração burocrática da casa e é estratégica porque tem a palavra final sobre questões que são aparentemente comezinhas, mas têm importância vital para os deputados. Decide quem ficará com os maiores gabinetes e os melhores apartamentos funcionais, controla a liberação das passagens aéreas, autoriza o ressarcimento das despesas médicas e analisa as justificativas de falta, por exemplo. Cunha ainda separou um assento da mesa diretora para o PSDB e outro para o PSB. Os dois partidos, da oposição oficial ao governo, haviam lançado um candidato próprio à presidência da Câmara, o deputado Júlio Delgado (PSB-MG), que acabou em terceiro lugar. Foi um calculado afago de Cunha para atrair a oposição para suas fileiras. Mesmo ostentando o maior número de deputados federais, o PT de Dilma Rousseff não foi agraciado com nenhum assento da mesa diretora. Cunha lançou seus tentáculos inclusive sobre os meios de comunicação da Câmara, que foram entregues ao deputado Cleber Verde (PRB-MA). Nesse caso, além de seguir o mandamento maquiavélico da colonização, o presidente matou dois coelhos com uma cajadada só: recompensou o PRB por ter traído Dilma na eleição para a presidência da Câmara e, ao mesmo tempo, cumpriu a promessa de campanha de pôr um deputado no comando da TV Câmara, e não um jornalista, para que os políticos ganhassem mais visibilidade na grade de programação.

Com toda a Câmara dos Deputados devidamente guarnecida com soldados de Eduardo Cunha, a presidente Dilma Rousseff não teve sucesso em nenhuma tentativa de invasão. Cunha havia assimilado tão bem a estratégia maquiavélica das colônias que tratou de decepar os tentáculos que Dilma procurava estender até mesmo sobre outros territórios de Brasília, fora da Câmara. Em fevereiro de 2015, Cunha resolveu dar um empurrãozinho em uma proposta de emenda à Constituição (PEC) que obrigaria os ministros dos tribunais superiores a se aposentar aos 75 anos, e não mais aos 70. A proposta ganhou o sugestivo apelido de PEC da Bengala. No decorrer dos quatro anos que o governo Dilma 2 deveria durar, cinco ministros do Supremo Tribunal Federal completariam 70 anos e teriam que deixar a mais alta corte do Brasil. Com a mudança prevista na PEC da Bengala, os cinco poderiam permanecer no STF por mais meia década e a presidente perderia o direito de escolher seus sucessores. A PEC da Bengala nunca contou com o apoio do governo, motivo pelo qual a Câmara a cozinhava em banho-maria desde 2005. Ao chegar, Cunha ardilosamente aumentou a chama. Em junho, Dilma viu a gestação de outra ameaça a seus tentáculos. O presidente da Câmara se juntou ao presidente do Senado, Renan Calheiros (PMDB-AL), para redigir um anteprojeto de lei com regras mais rígidas para o funcionamento das empresas controladas pelo governo. Pelo texto, os presidentes das estatais deixariam de ser nomeados com uma simples canetada da Presidência da República e passariam a ser sabatinados e a depender da autorização do Senado, como já ocorria com os indicados para o STF, o Banco Central e as agências reguladoras. Com a PEC da Bengala, a presidente deixaria de colocar no STF cinco ministros afinados com ela e decisivos no desfecho de eventuais julgamentos que tivessem o Palácio do Planalto como parte. Com o anteprojeto das estatais, por sua vez, Dilma perderia a plena autonomia para nomear os presidentes das empresas públicas. Como o nome escolhido teria que passar pelo crivo dos senadores, eles teriam força para barganhar a indicação de um dirigente que, uma vez no posto, atuasse a favor também deles, e não apenas da Presidência da República.

Dilma Rousseff foi tomada como *persona non grata* também no Senado. Como se vê pelas intenções do anteprojeto das estatais, Renan Calheiros foi pelo mesmo caminho de Eduardo Cunha e encheu de pedras o caminho da presidente da República. Renan tampouco estava satisfeito com a má vontade de Dilma Rousseff com o PMDB e o Congresso Nacional. Além disso, o senador era seguido pela Operação Lava Jato, tal qual Cunha, e esperava que o governo usasse sua influência para brecar as investidas da Polícia Federal e do Ministério Público. Em março de 2015, em sinal de afronta, o presidente do Senado devolveu ao Planalto uma medida provisória que Dilma enviara ao Congresso. Tal tipo de insulto, a devolução de uma MP, era coisa rara em Brasília. A medida provisória em questão elevava os impostos pagos por empresários e fazia parte do pacote de controle das finanças públicas. Segundo Renan, o governo não poderia aumentar impostos por meio de medidas provisórias. Humilhada, Dilma teve que recolher a MP e reenviar o aumento de impostos em forma de projeto de lei, que, ao contrário de medida provisória, não tem prioridade na pauta de votação do Congresso. Em julho, a TV Senado transmitiu um pronunciamento em que Renan subiu o tom dos ataques. Disse que o país estava "na escuridão, assistindo a um filme de terror sem fim", que ajuste fiscal sem crescimento econômico era o mesmo que "cachorro correndo atrás do rabo: circular, irracional e não sai do lugar" e que o governo insistia na "prática superada da boquinha e do apadrinhamento". As duas casas do Poder Legislativo haviam formado uma birrenta aliança para aprovar os projetos da pauta-bomba e derrubar os do ajuste das contas públicas. Essa dupla animosidade deixou o governo perto de naufragar. Se a tese do impeachment ganhasse corpo, a derrota de Dilma seria certa – para prosperar, os pedidos de impedimento do presidente dependiam do aval da Câmara e do Senado. Entre Cunha e Renan, Dilma arriscou uma aproximação com o segundo. Deu certo. Em agosto de 2015, a presidente e o senador assinaram nos bastidores um acordo de paz: Renan rompeu com Cunha, e o governo finalmente conseguiu cravar sua bandeira dentro do Congresso – ainda que em apenas uma das casas. Dilma aceitou as condições que o novo companheiro impusera para socorrê-la. Ela nomeou um apadrinhado de Renan para o posto de ministro do Superior Tribunal de Justiça (STJ), o desembargador federal Marcelo Navarro – que havia ficado em segundo lugar, e não em primeiro, na lista tríplice votada pelo STJ e submetida à Presidência da República. Renan, entretanto, sempre negou ter indicado Navarro.[31] Dilma também encampou a Agenda Brasil, um conjunto de projetos de lei de cunho neoliberal selecionados por Renan com o intuito de tirar o país do buraco. Caso as medidas da Agenda Brasil fossem aprovadas e surtissem o efeito esperado, o senador esperava ser reconhecido e ganhar mais força política. O deputado Eduardo Cunha não gostou de ter ficado isolado na trincheira inimiga. Ele deu a entender que uma das cláusulas do acordo entre o Planalto e o Senado era a blindagem de Renan na Lava Jato. "A denúncia contra mim foi promovida sem concluírem o inquérito com as oitivas programadas. Outro caso [o de Renan] foi apresentado três anos atrás e até hoje não teve pauta. Não há dúvida de que houve uma diferença. Só estou discutindo a celeridade em relação ao meu caso", esbravejaria o deputado em maio de 2016, após ser afastado da presidência da Câmara por ordem do STF.[32]

Graças ao acordo, para o alívio de Dilma Rousseff, muitas das medidas antigoverno aprovadas pela Câmara de Eduardo Cunha acabaram sendo freadas pelo Senado de Renan Calheiros. Daquela reforma político-eleitoral saída da Câmara dos Deputados, os senadores derrubaram as doações dos empresários às campanhas dos candidatos. A terceirização da mão de obra e a redução da maioridade penal, por sua vez, hibernaram nas comissões do Senado. Quanto às novas regras para as estatais, a exigência das sabatinas caiu por decisão dos senadores. A PEC da Bengala, por outro lado, acabou vingando e Dilma perdeu o direito de deitar cinco tentáculos sobre o STF, mas isso só ocorreu porque a nova norma foi promulgada pelo Congresso Nacional em maio, quando Dilma e Renan ainda não estavam alinhados. Por algum tempo, a ausência de colônias na Câmara foi compensada pelas colônias que a presidente da República conseguiu instalar no Senado. A influência de Dilma Rousseff sobre o Senado, porém, não se sustentaria. Com o passar do tempo, Renan Calheiros foi ficando cansado da obstinação da presidente da República em aprofundar a crise. "A gente joga a boia, e eles furam", inconformava-se.[33]

As dificuldades da presidente da República para colonizar os espaços de poder não podem ser creditadas integralmente ao deputado Eduardo Cunha. Por suas próprias limitações, ela tampouco conseguiu cobrir com seus tentáculos o Tribunal de Contas da União (TCU) nem a Polícia Federal. O TCU apontaria uma série de problemas na forma de Dilma lidar com o orçamento público. A Polícia Federal, integrante da Operação Lava Jato, acabaria avançando sobre aliados muito íntimos da presidente. A falta de controle sobre a Câmara dos Deputados, o Tribunal de Contas da União e a Polícia Federal acabariam por cobrar de Dilma Rousseff um preço alto demais. O Senado, no final, seria o responsável por desligar os aparelhos que mantinham vivo o agonizante governo Dilma 2.

MANDAMENTO 11

Mantém o povo sempre do teu lado e não desagrades os poderosos

Em 8 de março de 2015, um domingo, a presidente Dilma Rousseff convocou rede nacional de rádio e TV no horário nobre para fazer um pronunciamento à nação por ocasião do Dia Internacional da Mulher. A data comemorativa serviu apenas de desculpa. O tema central da fala foi a crise econômica, que a população àquela altura já sentia na pele. "Estamos fazendo correções e ajustes na economia", afirmou ela, avisando que as medidas tomadas em Brasília implicariam "sacrifícios temporários para todos". Muitas das pessoas que estavam com o rádio ou a TV ligada nem chegaram a escutar o que a presidente tinha para dizer. Enquanto o pronunciamento era transmitido, um protesto barulhento se reproduziu simultaneamente em inúmeras cidades. De dentro de casa, pessoas bateram panelas em sinal de insatisfação, abafando as palavras da presidente com ruídos metálicos. Traumatizada, Dilma fugiu das aparições em rede nacional de rádio e TV, deixando de falar inclusive em datas que tradicionalmente ensejavam pronunciamento presidencial, como o Dia do Trabalho e o Dia da Independência. Um dia depois do Dia da Mulher, a presidente tratou de partidarizar as manifestações populares, dando a entender que os panelaços não haviam sido espontâneos, mas sim incentivados pelo PSDB, ainda inconformado com a derrota na eleição presidencial de 2014: "Houve primeiro e segundo turno. A eleição acabou. Não pode ocorrer terceiro turno, a não ser que se queira uma ruptura democrática".

A declaração da presidente da República subestimava a insatisfação dos brasileiros com o governo. No domingo seguinte, os descontentes pela primeira vez foram para as ruas exigindo a renúncia ou o impeachment. Houve protestos contra Dilma em mais de 150 cidades, grandes e pequenas, em todos os estados. No Rio de Janeiro, o ato foi na Praia de Copacabana. Em Brasília, na Esplanada dos Ministérios. Em São Paulo, a Avenida Paulista foi tomada por 210 mil manifestantes, muitos vestindo a camiseta amarela da seleção de futebol. Nos cartazes, liam-se frases como "Fora, Dilma" e "A culpa não é minha, eu votei no Aécio". Alguns aproveitaram para defender causas esdrúxulas, como a restauração da Monarquia extinta em 1889 e uma intervenção militar nos moldes de 1964. Foi só então, colocada frente a frente com a indignação generalizada, que Dilma enxergou o tamanho do perigo que se avizinhava. Em junho de 2013, no governo Dilma 1, os brasileiros haviam feito ruidosas manifestações em várias ocasiões e capitais, mas com uma pauta difusa de críticas, indo desde o preço das passagens dos ônibus urbanos e o custo da Copa do Mundo de 2014 para os cofres públicos até a reforma política e o fim da corrupção. Não tinham a presidente como alvo. Dois anos depois, o quadro era outro. Com a população já habituada a sair às ruas para demonstrar insatisfação, os atos passaram a ser especificamente contra a mandatária e não pararam mais.

Entre março de 2015 e julho de 2016, houve sete jornadas nacionais anti-Dilma, sempre aos domingos. Os manifestantes saíram às ruas em dezenas de cidades uma vez a cada dois meses e meio, em média. Em algumas capitais, o movimento foi coordenado pelos grupos Vem pra Rua, Movimento Brasil Livre e Revoltados On Line, que se diziam apartidários. A grande afluência aos eventos, porém, deve ser creditada mais ao boca a boca feito por cidadãos comuns nas redes sociais da internet e nos aplicativos de troca de mensagens dos celulares. A mais barulhenta de todas as manifestações ocorreu em março de 2016, a quinta delas, exatamente um ano depois da primeira. Mais de 120 cidades aderiram. O grande termômetro, como sempre, foi São Paulo. A Avenida Paulista recebeu uma multidão de 500 mil pessoas, mais do que o dobro da reunida um ano antes. Involuntariamente, Dilma Rousseff foi o motor da manifestação política mais grandiosa já vista no Brasil, superando o recorde anterior, do histórico comício das Diretas Já em São Paulo, em abril de 1984, que atraiu 400 mil pessoas ao Vale do Anhangabaú.[34] Em 1984, o PT foi um dos organizadores da manifestação. Em 2016, foi o alvo. Dois gigantescos bonecos infláveis se elevaram sobre o mar de camisetas amarelas na Avenida Paulista. Um mostrava a presidente Dilma Rousseff usando uma máscara de bandida e a faixa presidencial com a palavra "impeachment". O outro, o ex-presidente Luiz Inácio Lula da Silva vestindo uniforme de presidiário. Mostrou-se falacioso o argumento da presidente de que os movimentos eram insuflados pelo PSDB em busca do "terceiro turno". Aécio Neves, o candidato tucano derrotado em 2014, tentou se apresentar como protagonista do grande protesto na Avenida Paulista, mas precisou dar meia-volta e ir embora depois de ser hostilizado por manifestantes que o vaiavam e gritavam "oportunista" e "bundão".[35] O recado era claro: o movimento era exclusivamente pela saída de Dilma, e não por Aécio no lugar dela. Na visão de Nicolau Maquiavel, as perspectivas da presidente eram as piores possíveis.

> *Um dos mais poderosos remédios que o príncipe possui contra conspirações é não ser odiado pelo povo, porque os conspiradores só agem quando sabem que a morte do príncipe satisfará o povo. Quando, ao contrário, creem que a morte do príncipe prejudicará o povo, os conspiradores não*

têm coragem de tomar semelhante atitude, já que enfrentariam dificuldades infinitas. O príncipe não deve levar a sério as conspirações se ele for querido pelo povo. Se o povo lhe for hostil e lhe tiver ódio, entretanto, deve temer tudo e todos.

(*O Príncipe*, cap. 19)

A presidente Dilma Rousseff tinha motivos de sobra para "temer tudo e todos". Enquanto os militantes do PT procuravam menosprezar a dimensão das manifestações de rua, argumentando que delas apenas participavam as classes mais ricas, as pesquisas de opinião derrubaram o discurso ideológico e deixaram claro que o descontentamento estava, sim, disseminado por toda a sociedade. Em agosto de 2015, segundo o instituto de pesquisas de opinião Datafolha, 71% dos brasileiros reprovavam o governo Dilma 2. A presidente quebrava mais um recorde indesejado e passava a reinar como a mandatária mais malquista do período democrático. Até então, os mais odiados eram José Sarney e Fernando Collor, ambos reprovados por 68% no auge da impopularidade. Segundo a mesma pesquisa de opinião, apenas 8% estavam satisfeitos com o governo Dilma 2. Não sobravam nem mesmo vestígios do adorado governo Dilma 1, que em março de 2013 era aprovado por 65% e reprovado por 7%. No intervalo de dois anos e meio, os números trocaram de lugar. O que era aprovação virou reprovação e vice-versa..

Das todas as onze condutas maquiavélicas listadas até aqui, a única que ela aparentemente conseguiu colocar em prática foi a primeira – "não cumpras as tuas promessas". No momento inicial, a lição maquiavélica surtiu o efeito desejado, pois as mentiras eleitorais lhe garantiram a reeleição. Com o tempo, entretanto, elas se mostraram grandes demais e acabaram se voltando contra a presidente. A execução do primeiro mandamento não foi perfeita. Em vez da prometida pujança econômica e social, o que o cidadão comum recebeu foram desemprego, empobrecimento, aumento dos impostos e encolhimento dos programas sociais.

A classe média perdeu uma parte da facilidade que tinha para comprar carro e casa com generosos subsídios federais. As classes mais abastadas se ressentiram de as trapalhadas do governo terem levado à disparada do dólar, encarecendo e até inviabilizando as viagens de férias e as compras no exterior. Da média de R$ 2,30 no ano eleitoral de 2014, a moeda americana pela primeira vez chegou à casa dos R$ 4 em setembro de 2015. De tão absurdas, as mentiras que a presidente contara na campanha não poderiam ser relevadas nem esquecidas. A cada dia do governo Dilma 2, o país afundava um pouco mais. O povo se sentiu enganado e, para usar as mesmas palavras de Maquiavel, passou a ser "hostil" e sentir "ódio" da presidente. Os dividendos políticos da observância do primeiro mandamento maquiavélico, portanto, acabaram suplantados pelos efeitos nocivos da desobediência ao 11º. Além do descontentamento advindo do "estelionato eleitoral" e da deterioração do padrão de vida, a população também se indignava ao sentir que, ante os vultosos desvios de dinheiro público descobertos pela Operação Lava Jato, Dilma no mínimo fizera vista grossa para o maior escândalo de corrupção da história do país – a Petrobras, afinal, era uma empresa do governo e a petista havia sido ministra de Minas e Energia e presidente do conselho de administração da estatal. Como resultado desse explosivo caldeirão de mágoas, Dilma deixava de ser amada para se tornar odiada. De acordo com Maquiavel, o ódio popular é um dos mais potentes combustíveis das conspirações: "Sem ter o povo como amigo, o príncipe fracassará nas adversidades".

E não foi só o cidadão comum que a presidente Dilma Rousseff ofendeu. Os deputados e senadores, inclusive aqueles da base governista, nutriam-lhe uma profunda ojeriza, pela forma pouco diplomática com que tratava o Congresso Nacional – empurrando-lhes as propostas governistas goela abaixo, recusando-se a apadrinhar projetos de lei apresentados por eles, ignorando pedidos de audiência, negando-lhes cargos na máquina pública e tentando constantemente tesourar o dinheiro das emendas parlamentares. Os prefeitos e os governadores tampouco estavam felizes. O desmoronamento da economia provocado em grande dose pelas barbeiragens do governo teve um impacto brutal em todos os cofres públicos. Por um lado, a queda da arrecadação federal levou à míngua os repasses financeiros de Brasília para municípios e estados. Por outro, o recolhimento de impostos municipais e estaduais secou na mesma medida. A situação pelo país afora era catastrófica. No Paraná, o governador Beto Richa (PSDB) elaborou um projeto de lei para reduzir os gastos com a aposentadoria dos funcionários públicos. Em reação, os professores da rede estadual organizaram um megaprotesto em Curitiba. Acionada por Richa, a polícia produziu cenas de guerra, com bombas, balas de borracha e duzentos manifestantes ensanguentados. No Rio de Janeiro, às vésperas do início da Olimpíada de 2016, o governador interino Francisco Dornelles (PP) decretou estado de calamidade pública por falta de dinheiro para garantir o funcionamento adequado de serviços públicos como saúde e educação. Em São Paulo, o governador Geraldo Alckmin (PSDB) baixou de 30% para 20% a fatia máxima dos impostos estaduais restituída aos consumidores participantes do programa Nota Fiscal Paulista, de inclusão do CPF do comprador nas notas fiscais emitidas pelo comércio. No Distrito Federal, sem alternativas indolores para elevar as receitas, o governador Rodrigo Rollemberg (PSB) viu-se obrigado a aumentar até o valor do ingresso do jardim zoológico público, de R$ 2 para R$ 10. Dilma, para completar, se mostrava resistente a suavizar as regras de pagamento das dívidas bilionárias que os estados tinham com o governo federal.

O empresariado, por sua vez, via a demanda cair e o prejuízo crescer. Inúmeras indústrias pelo país afora quebraram. Em junho de 2016, um empresário de 66 anos se suicidou depois de ter sido forçado pela crise a demitir mais de duzentos funcionários de sua fábrica de sofás em Rio Claro (SP).[36] Ao lado das versões infláveis de Dilma e Lula, um gigantesco pato amarelo de borracha foi presença constante nas manifestações na Avenida Paulista. A mascote nasceu na Federação das Indústrias do Estado de São Paulo (Fiesp) como reação aos incessantes aumentos de impostos. A mensagem que a Fiesp queria passar era que a sociedade e a indústria não aceitariam mais "pagar o pato" resultante da irresponsabilidade fiscal do governo.

Outro grupo desgostoso foi a poderosa corporação dos burocratas federais, que recebeu como uma bomba a decisão do Palácio do Planalto de adiar o reajuste salarial do serviço público de janeiro de 2016 para agosto, contrariando acordos previamente fechados, com o objetivo de economizar dinheiro e atenuar o desequilíbrio das contas públicas. Durante o governo Dilma 2, uma série de categorias profissionais entrou em greve, como as do Instituto Nacional do Seguro Social (INSS), da Empresa Brasil de Comunicação (EBC), da Receita Federal, das universidades federais e até do Ministério das Relações Exteriores. Ao mesmo tempo, a decisão de suspender praticamente todos os concursos públicos em toda a esfera federal por tempo indeterminado, para evitar a contratação de novos servidores, frustrou a categoria dos "concurseiros".

> *Os Estados bem governados e os príncipes prudentes sempre cuidaram para agradar e contentar o povo e, ao mesmo tempo, não levar o desespero aos poderosos.*
> (*O Príncipe*, cap. 19)

Os megapolíticos e os megaempresários tinham um motivo extra para ficar ansiosos. A cada dia, algum deles caía na teia tecida pela Operação Lava Jato. Foram parar na cadeia, entre muitos outros, o líder do governo no Senado, Delcídio do Amaral (PT-MS), primeiro senador da história do país a ser detido durante o exercício do mandato, que foi liberado da prisão preventiva três meses depois; o ex--ministro petista José Dirceu e o ex-presidente do PP Pedro Corrêa, que já haviam sido condenados à prisão no escândalo do mensalão; o ex-senador Gim Argello (PTB-DF); o banqueiro André Esteves, do banco BTG Pactual, que foi preso preventivamente e depois pôde sair; e os empreiteiros Marcelo Odebrecht, da Odebrecht, Otávio Azevedo, da

Andrade Gutierrez, Léo Pinheiro, da OAS, e Dalton Avancini, da Camargo Corrêa, todos estes sentenciados. Os medalhões da política sob investigação (ainda que de forma superficial, sem condenação) se contavam às centenas, tanto da situação quanto da oposição – deputados, senadores, ministros de Estado, prefeitos, governadores e até mesmo o vice Michel Temer, o ex-candidato Aécio Neves e os ex-presidentes José Sarney, Fernando Collor e Luiz Inácio Lula da Silva. Todos eles se diziam inocentes.[37] Para eles, ao não agir para frear o ímpeto dos investigadores, especialmente os da Polícia Federal, a presidente Dilma Rousseff cavava sua própria cova – ela própria, aliás, também mencionada em delações feitas à Lava Jato.[38]

Quase um ano depois do panelaço de março de 2015, o que a fez fugir das aparições em rede nacional de rádio e TV, Dilma Rousseff tomou coragem e resolveu fazer um teste. Ela reapareceu em todas em emissoras em fevereiro de 2016, dessa vez falando sobre as ações do governo contra a zika, uma nova doença transmitida por mosquitos que se espalhava com velocidade pelo Brasil e deixava a população em pânico. Dilma começou o discurso avisando logo: "Brasileiras e brasileiros, peço licença para entrar na casa de vocês e falar de um assunto muitíssimo importante. Não vou falar sobre política ou sobre economia. Vou falar sobre saúde". Ninguém quis saber. As panelas saíram dos armários e estrilaram com força total.

MANDAMENTO 12

Leva os súditos a crer que possuis as mais nobres virtudes humanas

Não bastassem a economia em queda livre e o governo paralisado pela crise política, mais duas notícias catastróficas sacudiram o Brasil no segundo semestre de 2015. Em agosto, os médicos de Pernambuco e da Paraíba se alarmaram ao constatar que as maternidades locais passaram a receber uma quantidade anormal de recém-nascidos com microcefalia – bebês que nasceram com o crânio reduzido e partes do cérebro comprometidas, condição que em muitos casos retarda o desenvolvimento motor e intelectual. Logo se descobriu que o mal era causado pelo zika, um vírus novo no Brasil e disseminado pelo mosquito *Aedes aegypti*, o mesmo da dengue. A doença ganhou o país com rapidez. Nenhum estado escapou. Em um ano, o Ministério da Saúde contabilizou 1850 bebês nascidos com microcefalia. Essas mães perderam o chão e enterraram o futuro bonito que sonhavam para os filhos. Enquanto muitas mulheres decidiam adiar a gravidez, as que já estavam grávidas entravam em pânico.

A segunda má notícia também teve dramas pessoais. O epicentro foi o município de Mariana-MG, que abrigava um imenso reservatório de rejeitos do processamento de minério de ferro. Em novembro, a barragem desse reservatório, pertencente à mineradora Samarco, desmoronou, liberando uma avalanche de lama e rejeitos nocivos ao meio ambiente. O tsunami avançou sobre um vilarejo de Mariana, do qual só restaram escombros. No total, dezenove pessoas morreram engolidas pelo barro – o corpo de uma delas nunca foi encontrado – e mais de trezentas famílias perderam suas casas. A enxurrada caiu no Rio Doce e seguiu seu caminho de destruição pelo leito fluvial, exterminando peixes, pássaros, matas ciliares e o próprio rio. Os rejeitos de minério de ferro alcançaram o Espírito Santo e, após dezesseis dias e 650 quilômetros, desaguaram no Oceano Atlântico. Foi o maior desastre ambiental do Brasil. Segundo os ambientalistas, seriam necessárias décadas até que a natureza conseguisse renascer após tamanha agressão.

Diante das duas desgraças, a presidente Dilma Rousseff entrou em ação com uma agilidade incomum para seus padrões. No caso da microcefalia, o governo decidiu destinar um auxílio mensal no valor de um salário mínimo para as famílias com bebês nascidos com microcefalia, distribuir repelentes de insetos às grávidas beneficiárias do Bolsa Família e liberar dinheiro para que institutos de pesquisa buscassem formas de prevenção e tratamento. "Trata-se de uma questão de saúde pública, então não pode faltar dinheiro", avisou Dilma. Quanto à tragédia em Minas Gerais e no Espírito Santo, o governo impôs à Samarco multas milionárias pelos danos ambientais, pressionou a mineradora a garantir um pagamento mensal aos moradores do vilarejo tragado pela lama, aos agricultores ribeirinhos e aos pescadores do Rio Doce e autorizou que as pessoas que perderam suas casas resgatassem o dinheiro do Fundo de Garantia do Tempo de Serviço (FGTS). "Não é pura e simplesmente deixar a cargo da mineradora. Quem cuida do interesse público somos nós, o governo. Não vamos ficar de braços cruzados", disse a presidente.

O governo tomou medidas adequadas, mas quem assistiu às movimentações de Dilma Rousseff ficou com uma sensação estranha. Ainda faltava algo. Os mais sensíveis notaram que, nas falas e nos gestos, a presidente não deixou transparecer que seu coração tivesse sido machucado pelo infortúnio que se abatera sobre tantos brasileiros. Em nenhuma das duas situações, Dilma apresentou-se com a voz embargada ou os olhos marejados. Ela esteve no Recife, onde nasceram os primeiros bebês com microcefalia, para lançar o Plano Nacional de Enfrentamento à Microcefalia, mas não teve sensibilidade suficiente para ir à casa de alguma das mães que tinham no berço um bebê com sequelas do vírus zika. Teria sido um gesto de humanidade tirar a faixa presidencial por um momento e, na condição de mãe e avó, oferecer palavras de conforto a pelo menos uma daquelas mulheres. No episódio da barragem de Mariana, ocorreu algo parecido. Dilma sobrevoou o pouco que restara do vilarejo varrido pela lama, mas o helicóptero presidencial não pousou. Ela perdeu a oportunidade de dar um abraço de solidariedade em pessoas que de uma hora para outra perderam tudo, inclusive familiares.

> *O príncipe não precisa ser de fato piedoso, fiel, humano, íntegro e religioso, mas é necessário que pareça possuir tais qualidades. Ele deve ter o maior cuidado e não deixar jamais escapar de sua boca palavras que não estejam imbuídas dessas cinco qualidades e deve dar a impressão a quem o contempla e ouve que é todo piedade, fé, humanidade, integridade e religião. Possuindo-as e observando-as todas, as cinco qualidades se tornam prejudiciais, enquanto que, aparentando possuí-las, lhe são úteis. De um lado, o príncipe deverá ser piedoso. De outro, quando não precisar ser piedoso, ter ânimo, poder e sabedoria para ser o oposto. Os homens, em geral, julgam mais com os olhos do que com as mãos, porque todos podem ver, mas poucos podem sentir. Enquanto todos veem o que aparentas ser, muito poucos percebem o que realmente és.*
>
> (*O Príncipe*, cap. 18)

Nicolau Maquiavel revela que duas morais distintas regem o mundo. Uma é a moral pessoal, aqueles comportamentos altruístas que os súditos precisam adotar para manter uma convivência social harmoniosa. A outra é a moral do poder, comportamentos nem tão benevolentes que o príncipe deve seguir com o objetivo de proteger a coroa e manter ea ordem e o bem-estar em seus domínios. Essa é uma informação que não pode chegar ao ouvido dos súditos. Os cidadãos comuns jamais conseguiriam digerir a existência de uma moral paralela, válida só para o príncipe, que exige dele medidas perversas em determinadas ocasiões, não condizentes com a moral individual. Como eles procuram seguir a cartilha da moral pessoal, têm a ilusão de que o líder faz a mesma coisa. Caso os súditos se inteirassem da existência da moral do poder, fatalmente passariam a odiar o soberano. É por essa razão que Maquiavel afirma que o príncipe não precisa possuir todas as características enaltecidas pela moral pessoal, como a humanidade e a integridade. O importante mesmo é aparentar possuí-las. Os súditos, no fundo, buscam um poço de virtudes a ser admirado, um exemplo a ser seguido. Ao dar a impressão de ser íntegro e humano, o príncipe ganha a estima e o apoio popular e afasta os conspiradores. Dilma Rousseff passou longe do conselho maquiavélico e recusou-se a encenar a personagem que lhe cabia no teatro da política. Diante das tragédias dos bebês nascidos com microcefalia e das famílias abatidas pelo tsunami de lama, a presidente não foi capaz de transmitir humanidade e compaixão. No caso do estouro da barragem, ela chegou a ser questionada por jornalistas sobre a aparente frieza. A resposta tampouco denotou emoção: "Quando vou a um lugar, eu não posso chegar sem saber o que nós vamos fazer. Eu vou lá para fazer. Eu não vou lá só para visitar". Comportamentos semelhantes se repetiram nos 22 meses entre a reeleição e o impeachment.

Com a testa sempre franzida, a boca sem sorriso, a voz autoritária e o caminhar duro, Dilma Rousseff tinha pinta de general truculento. Fizeram sucesso na internet dois personagens cômicos que zombavam do temperamento presidencial. Nos vídeos do YouTube, um comediante trajando o inconfundível tailleur vermelho-PT disparava telefonemas desaforados para figuras públicas dos mais variados naipes, desde o presidente da Câmara dos Deputados, Eduardo Cunha, até o técnico da seleção brasileira de futebol, Luiz Felipe Scolari. No Facebook, a personagem Dilma Bolada escrevia com tintas sádicas sobre as hilariantes situações em que tratava Marcela Temer, a jovem mulher do vice-presidente, como reles serviçal do Palácio da Alvorada. Em ambos os casos, as cenas arrancavam gargalhadas porque, em certa medida, espelhavam algo de verdadeiro. Na vida real, porém, o estilo durão de Dilma não tinha a menor graça. Assessores que lidavam diretamente com ela a descreviam como impaciente, intolerante e bruta. Os gritos da chefe reverberavam com frequência pelos corredores do Palácio do Planalto. Eram legendárias as reprimendas furiosas que distribuía entre os subordinados que não correspondiam às suas expectativas.[39] O aborrecimento não precisava ser grande. Bastava, por descuido, tratá-la de "presidente" – e não de "presidenta", como fazia questão de ser chamada. Houve servidores que, de tão estressados, passaram a ir ao trabalho sob o efeito de ansiolíticos. Os ministros tampouco tinham vida fácil. "Já tomou a sua bronca do dia?", perguntou, no governo Dilma 1, o ministro da Justiça, José Eduardo Cardozo, ao topar com o colega do Desenvolvimento, Indústria e Comércio Exterior, Fernando Pimentel, saindo do gabinete presidencial. Levando na esportiva, Pimentel devolveu entre risos: "Não, eu tomei a minha na semana passada. Agora é a sua vez".[40] O pavio curto foi perceptível em várias entrevistas que Dilma concedeu à imprensa. "Minha querida, me desculpa, se você me perguntar de qualquer pessoa, não vou dar opinião", respondeu ela, em tom quase sarcástico, ao ser questionada sobre o juiz Sérgio Moro, um dos mentores da Operação Lava Jato.[41] Quem a conhecia tremia só de ouvir os vocativos "meu querido" e "minha querida".

Outra virtude que Dilma Rousseff aparentava não ter era a gratidão. Entre a reeleição e o impeachment, ela despediu ou rebaixou três aliados de longa data com particular violência. A primeira vítima foi o ministro da Fazenda, Guido Mantega. Em setembro de 2014, no meio da campanha eleitoral, a presidente candidata anunciou que ele não faria mais parte do governo Dilma 2. O ministro vinha colecionando fiascos, como projeções e metas econômicas que jamais se concretizavam, indicando que algo não ia bem nas contas nacionais e ameaçando a reeleição. Ao demitir Mantega, a presidente pisou na bola duas vezes. Primeiro, ela tornou público que se livraria do ministro sem nem sequer avisá-lo antes. Ele soube pelos jornais que cairia fora. Segundo, ela fez o demissionário Mantega permanecer no cargo por quatro meses, até o apagar das luzes do governo Dilma 1, pois ainda não havia substituto. O futuro ex-ministro respondeu pela economia brasileira nos últimos meses de 2014 numa situação pouco confortável, sem clima, tratado como presença indesejada. O anúncio antecipado do descarte foi de uma brutal falta de sensibilidade. Mantega, petista fiel, estava no governo desde 2003, nesse cargo desde 2006 e ostentava o título de ministro da Fazenda mais longevo da história brasileira.

O segundo ministro atropelado foi Pepe Vargas, da Secretaria de Relações Institucionais, em abril de 2015. Tal qual havia acontecido com Mantega, ele se inteirou de sua queda pelas notícias da imprensa. Dilma decidiu tirá-lo das negociações políticas com o Congresso Nacional, que iam de mal a pior, e transferi-las para o vice-presidente Michel Temer. Pepe durou apenas três meses no posto. Ele permaneceria no governo, porém rebaixado a titular da Secretaria de Direitos Humanos, uma repartição pública de pouca visibilidade. Ao saber do novo cargo, convocou os jornalistas para anunciar a mudança. "A presidente me convidou para ir para a Secretaria de Direitos Humanos e eu acolhi o pedido", afirmou. No meio da entrevista coletiva, Pepe foi interrompido por um assessor avisando que Dilma o aguardava ao telefone. Ele deixou os jornalistas e após alguns minutos ressurgiu pálido, visivelmente constrangido. Teve que se desmentir: "É importante dizer que a presidente não confirmou essa questão da Secretaria de Direitos Humanos". Dilma surtou quando soube da entrevista. Ela ainda não havia falado com Ideli Salvatti, a ministra que perderia a Secretaria de Direitos Humanos. Pepe fora ministro do Desenvolvimento Agrário no governo Dilma 1 por dois anos. Se quisesse, a presidente poderia ter mantido nos bastidores todos os desencontros e poupado o antigo colaborador da humilhação pública. A reação de Dilma parece ter sido apenas um capricho, já que o Palácio do Planalto confirmou Pepe no novo posto apenas quatro horas depois da vexaminosa entrevista coletiva.

A terceira vítima do trator presidencial foi o ministro da Saúde, Arthur Chioro. Em setembro de 2015, os jornais noticiaram que a presidente Dilma Rousseff ensaiava uma nova dança das cadeiras na Esplanada dos Ministérios para saciar o apetite do PMDB e afastar o risco de impeachment. Um dos degolados seria Chioro. Todos já sabiam, menos ele. "Eu sou ministro da Saúde. Não me demitam", ele suplicou aos repórteres, afirmando que não havia tido nenhuma conversa com Dilma a esse respeito.[42] Poucos dias mais tarde, a presidente lhe telefonaria anunciando que ele rodaria na reforma ministerial de outubro. Foi uma ligação sucinta, de apenas dois minutos, sem floreios nem maiores explicações. "Fique quieto, não se mexa. Você sai na quinta-feira", ela avisou.[43] O Ministério da Saúde ficava a apenas 900 metros do Palácio do Planalto, mas Dilma não chamou Chioro ao gabinete presidencial para uma conversa cara a cara. Ele dirigia o ministério desde o último ano do governo Dilma 1. Um abraço de agradecimento pelos serviços prestados era o mínimo que ele poderia esperar.

É provável que nenhum dos três ministros jamais tenha ouvido um pedido de desculpas. Dilma Rousseff era avessa à autocrítica e não dava o braço a torcer. Essa característica ressaltava sempre que um jornalista lhe perguntava sobre as causas da crise econômica. A presidente se recusava a assumir que o país estava preso no atoleiro em boa medida por causa de erros que ela própria cometera à frente do governo. Para Dilma, a responsabilidade pelo caos era toda da crise mundial, que fez o preço de produtos brasileiros como o minério de ferro e a soja despencar no comércio global. "Não havia como prever que a crise internacional duraria tanto. Absorvemos a carga negativa até onde podíamos e agora temos que dividir parte desse esforço com todos os setores da sociedade", disse em março de 2015. Sem ter como continuar brigando com os fatos, ela foi aos poucos mudando o discurso, porém com muita má vontade. "Se cometemos erros, e isso é possível, vamos superá-los e seguir em frente", afirmou num vídeo divulgado na internet em setembro. Às vésperas do impeachment e já afastada temporariamente do Palácio do Planalto, em maio de 2016, a presidente voltou a ensaiar um mea-culpa: "Não significa que não possamos ter errado nisso e naquilo, porque senão fica assim: 'não errei em nada'. Não é isso". Ante uma confissão de culpa tão pouco convincente, a repórter que a entrevistava pediu então que listasse os erros cometidos no governo. Dilma explodiu: "Ah, sei lá! Como é que eu vou falar da situação depois?".[44]

Como presidente da República, Dilma Rousseff não moveu um músculo sequer para aparentar ter virtudes que as pessoas tanto estimam. Pelo contrário, o que deixou transparecer foram defeitos que as pessoas abominam. Suas atitudes mostravam uma pessoa insensível (ante dramas humanos), agressiva (no trato com subordinados), mal-agradecida (na relação com aliados fiéis) e arrogante (ao recusar-se a reconhecer os próprios erros), além de mentirosa (por causa das promessas eleitorais executadas às avessas). Num evento público em 2008, quando ainda era ministra-chefe da Casa Civil, ela foi chamada pelo presidente Luiz Inácio Lula da Silva de "mãe do PAC", em referência ao Programa de Aceleração do Crescimento, de obras públicas de infraestrutura, uma das marcas registradas do governo petista. Foi um apelido friamente calculado. Envolvendo Dilma com a imagem doce e acolhedora de uma mãe, Lula preparava o terreno para a eleição de 2010 e fazia de tudo para que a pouco conhecida e nada carismática ministra ganhasse o coração e o voto dos brasileiros e o sucedesse no Palácio do Planalto. A estratégia de Lula se inspirava em Getúlio Vargas, que com sucesso se intitulara "pai dos pobres". Eleita, Dilma não conseguiu corresponder às expectativas emocionais criadas por Lula. Em vez de mãe, Dilma esteve mais para o estereótipo de madrasta.

MANDAMENTO 13

Divide os teus inimigos, pois assim se debilitam e não te derrotam

A presidente Dilma Rousseff havia acabado de conseguir a reeleição, em fins de 2014, quando o presidente do Partido Social Democrático (PSD), Gilberto Kassab, confidenciou-lhe que se movimentava por baixo dos panos para fundar uma nova agremiação política denominada Partido Liberal (PL). O ex-prefeito de São Paulo tinha uma compulsão por criar partidos políticos. O PSD, nascido em 2011 e exitoso desde o começo, era filhote dele. Mas o talento que ele esbanjava na hora de colher assinaturas pelo Brasil afora, vencer a burocracia da Justiça Eleitoral e atrair para seu grupo políticos de outras agremiações desaparecia na hora de batizar os partidos nascentes. O PSD não tinha nada a ver com o velho PSD de Getúlio Vargas e Juscelino Kubitschek. Tampouco o PL em gestação teria relação com o PL de José Alencar, o vice do presidente Luiz Inácio Lula da Silva. O novo PL não abraçaria nenhuma causa específica e seria tão apático em termos ideológicos quanto o PSD, seu irmão mais velho, e o PMDB, o célebre "partido-ônibus". Kassab descreveu o PSD com uma frase lapidar: "O partido não é de direita, não é de esquerda e não é de centro". Em Brasília, corria a piada que PSD significava "Partido sem Direção".

Descontados o nome requentado e a falta de identidade, o plano cochichado por Kassab em 2014 deixou os olhos de Dilma brilhando. O PL nasceria com a audaciosa missão de salvar o governo. Kassab arrancaria deputados e senadores de outros partidos, especialmente do PMDB, com uma dupla promessa: eles, por um lado, chegariam ao PL já com o status de caciques e, por outro, desfrutariam da coligação automática com o PSD, que já era um partido robusto, passando a dispor de tempo de sobra na propaganda eleitoral de rádio e TV. Dessa forma, o PMDB se esvaziaria e o governo finalmente escaparia do cativeiro onde era mantido refém pela grande, poderosa e pouco confiável bancada peemedebista no Congresso Nacional. Em 2013 e 2014, sob a batuta do líder de bancada Eduardo Cunha, os deputados do PMDB ensaiaram as rasteiras que dariam para valer no governo em 2015 e 2016. Os parlamentares cooptados por Kassab poderiam migrar para o PL tranquilamente, pois só perderiam o mandato se a mudança fosse para um partido já existente. A transferência para um partido novo, segundo a legislação eleitoral, não configurava infidelidade partidária. Os planos de Kassab iam além e previam uma humilhação ainda maior para o PMDB: algum tempo depois, o PL se fundiria ao PSD, que, alçado à condição de megapartido, tomaria do PMDB o posto de fiel da balança do presidencialismo de coalizão brasileiro. O PMDB se tornaria irrelevante. Kassab prometeu à presidente da República que, ao contrário do que fazia o velho PMDB, o PSD turbinado não toleraria rachas internos e a existência de uma ala oposicionista. Tudo era costurado às escondidas, sem Kassab aparecer como o pai da ideia, para que não se desmascarassem as segundas intenções. Encantada, Dilma Rousseff brindou Gilberto Kassab com o Ministério das Cidades e passou a sonhar com aquela promessa de futuro lindo.

A QUEDA DE DILMA

Quando o inimigo se aproxima, as cidades divididas se perdem logo, já que a parte mais fraca delas se aliará às forças externas e a outra parte não poderá resistir.

(*O Príncipe*, cap. 20)

A tática militar de dividir o inimigo para deixá-lo menor e mais fraco se aplica perfeitamente ao mundo do poder. Incentivada pelo astuto Gilberto Kassab, a presidente Dilma Rousseff se dispôs a investir nessa ação maquiavélica. Para tornar o PSD ainda mais grandioso, o ministro da Educação, Cid Gomes, foi incluído nas negociações. Cid, que vinha enfrentando dificuldades dentro do recém-criado Partido Republicano da Ordem Social (Pros), estudava também criar seu próprio partido ou então integrar-se às fileiras do PL.[45] Tudo ia bem até o deputado peemedebista Eduardo Cunha, o grande do desafeto do Palácio do Planalto, descobrir tudo e, irado, botar a boca no trombone: "É absolutamente incoerente o governo defender a reforma política e estimular a criação de partidos fictícios".[46] Eis o motivo fulcral por que Cid seria forçado a deixar o Ministério da Educação em março de 2015, após ter atacado o PMDB num evento na Universidade Federal do Pará, acusando o partido de chantagear a presidente Dilma, e ter reafirmado a crítica na Câmara, perante o próprio Cunha. O presidente da Câmara estava longe de ser um tipo sentimental que se deixava magoar pelas palavras duras de um adversário. A incontinência verbal de Cid foi apenas a desculpa que o deputado encontrou para forçar a derrubada do ministro. O que de fato o incomodou foi o envolvimento de Cid Gomes na trama para desidratar o PMDB.

Eduardo Cunha não perdeu tempo e pôs todas as prerrogativas que tinha como presidente da Câmara dos Deputados para frustrar as pretensões de Dilma Rousseff, Gilberto Kassab e Cid Gomes. Ele acionou um aliado, o deputado Mendonça Filho (DEM-PE), que logo no primeiro dia da nova legislatura, em fevereiro de 2015, apresentou um projeto de lei que impediria a fusão de partidos políticos recém-criados. Pela proposta, só poderiam se juntar as agremiações que tivessem no mínimo cinco anos de existência. Não era o caso do PSD e muito menos do PL, que ainda não passava de um plano. Correndo contra o relógio, Cunha dispensou o projeto de passar pelas comissões e o remeteu diretamente para o plenário, onde foi prontamente aprovado. Dois dias depois, Cid Gomes faria no Pará os desaforados ataques ao PMDB. O presidente do Senado, Renan Calheiros (PMDB-AL), se uniu a Cunha para salvar o partido e fez o projeto anti-Kassab ser aprovado pelos senadores com uma rapidez igualmente olímpica, em março, apenas um mês depois de ter sido apresentado na Câmara. Na ocasião, Renan ainda não havia se reconciliado com Dilma.

A presidente Dilma Rousseff revirou o projeto de lei aprovado pelo Congresso Nacional, mas não encontrou argumentos técnicos para vetar a proposta. De qualquer forma, ela deu uma mãozinha a Kassab. A presidente demorou o máximo que pôde para sancionar a lei que dificultaria a fusão de partidos, de modo que o mentor oculto do PL corresse com a coleta de assinaturas e tivesse tempo para levar toda a papelada ao Tribunal Superior Eleitoral (TSE) antes de as novas exigências começarem a valer. Kassab pediu o registro justamente na véspera de a lei ser assinada. Cunha ficou irritado com o acerto entre a presidente e o ministro, mas deu um palpite: "Eles certamente não têm as assinaturas necessárias".[47] De fato, das 500 mil exigidas, o PL conseguiu levar apenas 170 mil assinaturas ao TSE. Kassab foi pego desprevenido. Ele não contava que o projeto apadrinhado por Cunha avançaria tão rapidamente. Os planos anti-PMDB acabariam indo por água abaixo. Meses mais tarde, os ministros do TSE decidiram barrar a criação do PL, e Dilma Rousseff perdeu uma oportunidade única de provocar baixas na infantaria peemedebista. Pior ainda: ela cutucou o vespeiro. Eduardo Cunha e o PMDB oposicionista se viram mais do que nunca motivados a derrubá-la da Presidência da República.

Eduardo Cunha trabalhou ostensivamente contra os interesses do Palácio do Planalto desde que se sentou na cadeira de presidente da Câmara, mas só assumiu publicamente o papel de antagonista em julho de 2015, quando chamou a imprensa para anunciar o rompimento formal com o governo. O estopim foi o depoimento de um lobista detido pela Operação Lava Jato que acusou Cunha de embolsar dinheiro desviado da Petrobras.[48] O que o deputado fez foi criar uma cortina de fumaça. Disse que a acusação era falsa e fora incentivada pelo governo com o intuito de derrubá-lo da presidência da Câmara. Em agosto, Cunha impôs uma nova sequência de derrotas ao governo: aprovou uma proposta que elevaria o salário dos funcionários da Advocacia-Geral da União (AGU) e dos delegados da Polícia da Federal e um projeto que aumentaria o rendimento do dinheiro dos trabalhadores depositado no Fundo de Garantia do Tempo de Serviço (FGTS), além de ter criado uma CPI para auditar os empréstimos concedidos pelo Banco Nacional de Desenvolvimento Econômico e Social (BNDES) e outra para investigar suspeitas de fraudes na gestão do dinheiro dos fundos de pensão dos funcionários das empresas estatais. A presidente se aproveitou da declaração de guerra feita pelo adversário para pôr em prática seu plano B para desarmar o PMDB da Câmara – no Senado, ela já estava aliada a Renan. Até o rompimento oficial, Dilma vivia fugindo do confronto direto com Cunha. Em agosto, num raro gesto de ousadia política, ela penetrou na trincheira inimiga para cortejar o líder do partido na Câmara, Leonardo Picciani (RJ), um dos aliados mais aguerridos de Cunha. Picciani só chegara à liderança do PMDB graças à influência do padrinho e vinha cumprindo com zelo a missão de minar o governo.

Dilma desejava que o líder do partido peitasse Cunha e comandasse uma debandada da ala oposicionista do PMDB. Para isso, apresentou a Picciani duas ofertas irrecusáveis. No curto prazo, Picciani seria recompensado com dois ou três ministérios, incluindo o influente Ministério da Saúde. No longo prazo, seria ungido candidato oficial do Palácio do Planalto na eleição seguinte para a presidência da Câmara.[49] O jovem deputado fluminense, de apenas 35 anos, se deixou seduzir pelas promessas de poder e mergulhou de cabeça nas águas rasas do rio do governo. Picciani virou a casaca. Na reforma ministerial de outubro de 2015, Dilma cumpriu a primeira cláusula do trato. Já convertido ao governismo, Picciani pôde acomodar colegas de partido no Ministério da Saúde e no Ministério da Ciência, Tecnologia e Inovação – respectivamente os deputados Marcelo Castro (PMDB-PI) e Celso Pansera (PMDB-RJ), também dissidentes do séquito de Eduardo Cunha. Não tardou até o plano B de Dilma começar a fazer água. Logo se viu que Picciani não tinha todo aquele poder de mando sobre a bancada que o Palácio do Planalto supunha. O governo continuou sofrendo derrotas em votações na Câmara. Dilma se esquecera de um detalhe: ao contrário dos outros partidos, o PMDB era rachado por natureza e, por isso mesmo, indomável. Ter o líder nas mãos não era o mesmo que ter toda a bancada nas mãos. Os deputados governistas continuaram governistas, os oposicionistas permaneceram oposicionistas e a ala indecisa não deixou de pender conforme a conveniência. Eduardo Cunha seguiu comandando o segundo grupo. Outra vez, Dilma fracassou na tentativa de enfraquecer o PMDB. Outra vez, atiçou os instintos de vingança dos adversários.

Ao longo do governo Dilma 2, a Câmara dos Deputados recebeu cinquenta pedidos de impeachment da presidente. Foi um número recorde. O presidente da Câmara, porém, rejeitou-os um a um por considerar fracas as acusações elencadas contra Dilma. A denúncia mais robusta chegou em outubro de 2015, assinada por três autores de peso: Miguel Reale Júnior, jurista e ministro da Justiça do governo Fernando Henrique Cardoso; Hélio Bicudo, fundador e ex-presidente do PT, ressentido com seus velhos camaradas; e Janaina Paschoal, professora de direito da Universidade de São Paulo (USP). No documento, eles acusaram Dilma de usar dinheiro de bancos públicos para pagar despesas do governo e assim camuflar as contas federais no negativo (o que na época foi apelidado de pedaladas fiscais), de assinar decretos de liberação de verba orçamentária extra sem a autorização do Congresso Nacional e de permitir que um esquema de corrupção saqueasse a Petrobras. Isso tudo, segundo a acusação, configurava crime de responsabilidade e era motivo suficiente para Dilma ser destituída da Presidência da República.

Para a sorte de Dilma Rousseff, os dois grandes adversários do governo – o PMDB oposicionista e o PSDB – estavam divididos. O ensinamento maquiavélico, porém, estava em plena execução não por mérito da presidente. Não era por obra dela que os rivais lutavam separados, sem juntar forças. O PMDB de Eduardo Cunha e o PSDB de Aécio Neves desejavam a degola política da presidente, mas tinham uma discordância inconciliável em relação à espécie de guilhotina a ser usada. Para o PMDB oposicionista, Dilma deveria ser retirada do poder por meio do impeachment aprovado pela Câmara dos Deputados e pelo Senado, para que a faixa presidencial fosse automaticamente acomodada no peito do vice-presidente, o peemedebista Michel Temer. O PSDB, por sua vez, acalentava o sonho de ver a dupla queda de Dilma e Temer, com o sucesso de algum dos quatro processos que os tucanos moviam no Tribunal Superior Eleitoral (TSE) contra a chapa vencedora da eleição de 2014. Assim, com a Presidência e a Vice-Presidência da República vagas, seria convocada uma nova eleição – pelo voto popular (se a queda ocorresse até 2016) ou pelo voto dos congressistas (se ocorresse a partir de 2017) –, em que Aécio esperava figurar como franco favorito. Dilma só não caiu já em 2015 porque o PMDB e o PSDB, em desobediência ao conselho maquiavélico, recusaram-se a somar suas artilharias.

Não bastasse a inabilidade para criar um megapartido governista e domesticar a bancada oposicionista do PMDB na Câmara dos Deputados, a presidente Dilma Rousseff acabou apontando a arma maquiavélica para si mesma. No lugar de dividir o inimigo, quem ela rachou foram seus próprios aliados. Dilma tomou uma série de medidas que despertaram o ressentimento dos grupos organizados de esquerda, como os sindicatos, os sem-terra, os sem-teto e os estudantes das universidades públicas. Esses grupos haviam apoiado de olhos fechados todas as candidaturas presidenciais do PT desde 1989. Nos governos Lula 1 e 2, ganharam do presidente todo o prestígio que julgavam merecer. O salário mínimo, a reforma agrária, a política habitacional e as universidades federais cresceram num ritmo frenético. Veio o governo Dilma 1, e os movimentos sociais caíram do galho. Os benefícios que obtiveram a partir de então foram mínimos. Do governo Dilma 2, choveram maldades. Os movimentos sociais levaram a primeira punhalada no finalzinho de 2014, quando Dilma anunciou que o ministro da Fazenda seria Joaquim Levy, um economista de ideias neoliberais, mais afinado com o mercado financeiro do que com as causas sociais. Levy correspondeu aos temores da esquerda: em resposta às contas públicas no vermelho e à economia em declínio, ele traçou um rígido plano de arrocho fiscal e cortou boa parte do dinheiro público que sustentava os programas de amparo social. O ministro ganhou o apelido de Levy Mãos de Tesoura. Regras trabalhistas foram modificadas em prejuízo dos assalariados e programas de grande alcance como o Minha Casa Minha Vida, o Fundo de Financiamento Estudantil (Fies) e o Programa Nacional de Acesso ao Ensino Técnico e Emprego (Pronatec) foram encolhidos. A reforma agrária empacou. Para completar, a presidente anunciou que uma das prioridades para 2016 seria a reforma da Previdência, com o aumento da idade mínima para a aposentadoria, de modo a reduzir o rombo no cofre do INSS. Ao mesmo tempo, o desemprego avançava com força total e a inflação corroía o poder de compra das famílias. Por mais que se esforçassem, a Central Única dos Trabalhadores (CUT), o Movimento dos Trabalhadores Rurais sem Terra (MST), o Movimento dos Trabalhadores sem Teto (MTST) e a União Nacional dos Estudantes (UNE) não encontravam motivo para dar o sangue pelo governo Dilma 2.

Até mesmo o PT perdeu a motivação para defender a presidente da República. O chefe do partido, Rui Falcão, em várias ocasiões criticou o governo por seguir o caminho recessivo para tentar sanear as finanças públicas. Era inadmissível que um governo do PT atropelasse os ideais de justiça social historicamente defendidos pelo partido.

A QUEDA DE DILMA

Para o partido governista, Dilma Rousseff se mostrava uma presidente mais tucana do que petista. Não poderia haver traição maior. Os projetos que Dilma patrocinou também fizeram o partido espernear. Em fevereiro de 2016, o Senado aprovou uma proposta que tiraria da Petrobras o controle sobre a exploração do petróleo localizado na camada pré-sal, nas profundezas do mar. Os petistas jamais concordaram com a mudança, pois, segundo eles, abriria o caminho para que as petrolíferas estrangeiras abocanhassem uma riqueza natural estratégica para o Brasil. Na verdade, o governo já sabia que o projeto seria aprovado de qualquer forma, dada sua base parlamentar já raquítica no Senado. Acabou aceitando a aprovação, mas em troca exigiu algumas pequenas modificações no texto. Dos males, escolheu o menor. Criou-se uma situação inusitada: o PT votou em massa contra o projeto patrocinado por Dilma. "Eu me abstive", admitiu o líder do governo no Senado, Humberto Costa (PT-PE), metido numa saia justa. "Eu não poderia votar contra o governo e também não poderia ficar contra a minha bancada."[50] A equipe de governo que Dilma Rousseff montou deixou os petistas ressentidos. Eles foram os maiores prejudicados pela reforma ministerial de outubro de 2015. Até então donos de treze ministérios, ficaram com apenas nove. Na tentativa de se blindar contra a ameaça de impeachment, Dilma aumentou a fatia servida ao PMDB, que pulou de seis para sete ministérios. O prejuízo para os petistas foi ainda maior porque eles perderam o controle sobre o importante Ministério da Saúde. Além disso, deixaram de existir como ministérios independentes os de Políticas para as Mulheres, da Igualdade Racial, dos Direitos Humanos, do Trabalho e da Previdência – áreas muito caras ao PT. Os três primeiros se fundiram e os dois últimos também, dando origem a dois sobrecarregados ministérios. A primeira mulher a se tornar presidente da República suportaria o peso de ter sido a responsável por acabar com a Secretaria de Políticas para as Mulheres, criada por Lula em 2003 com status de ministério. O PT, por fim, culpava Dilma por sua própria desgraça. Tanto o atoleiro econômico em que o país se encontrava quanto as investigações de corrupção na Petrobras que não eram amordaçadas pelo governo fatalmente fariam a população rejeitar o PT nas urnas. O partido corria o risco de cair na vala da irrelevância.

A despeito de tudo isso, toda vez que a ameaça de impeachment crescia, o PT e os movimentos sociais engoliam o orgulho, faziam vista grossa para o desdém com que Dilma tratava a esquerda e saíam às ruas para defendê-la e denunciar o golpe. "Apesar de ter defeitos, é uma gestão que nos representa", repetia Lula, ele próprio desiludido, mas ainda assim tentando elevar o moral da tropa esquerdista.[51] Sem sincera motivação, os protestos vermelhos pró-governo jamais conseguiram ser tão grandiosos e apaixonantes quanto os atos amarelos pró-impeachment.

Em outubro de 2015, as bancadas do Partido Socialismo e Liberdade (Psol) e da Rede Sustentabilidade levaram ao Conselho de Ética da Câmara um pedido de cassação de Eduardo Cunha. No início do ano, o presidente da Câmara havia jurado à CPI da Petrobras que não tinha contas bancárias no exterior. Cunha apoiara a criação da CPI com o objetivo de criar embaraços para o governo, mas o tiro acabou saindo pela culatra. Pouco tempo depois, autoridades da Suíça mandaram para o Brasil documentos indicando que o deputado guardava milhões no país europeu, supostamente drenados da Petrobras.[52] Cunha, agora a perigo por causa das questionáveis declarações dadas à CPI, transformou numa bala de prata o principal pedido de impeachment, recém-apresentado por Reale, Bicudo e Janaina. Dilma Rousseff não ousaria fazer o PT agir contra Cunha no Conselho de Ética enquanto ele tivesse o pedido de impeachment sobre sua mesa. Nos bastidores, os dois inimigos selaram um acordo mútua salvação: os três deputados petistas do Conselho de Ética rejeitariam o pedido de cassação e, em troca, ele manteria o processo de impeachment dentro da gaveta.[53] Como de costume, Dilma não conseguiu executar o que desejava. Em dezembro, semanas depois de o Conselho

A QUEDA DE DILMA

de Ética receber o pedido do Psol e da Rede e instaurar o processo de cassação, os deputados petistas, insatisfeitos com a presidente da República, se sentiram tentados a desobedecer o Palácio do Planalto. Anunciaram que votariam no Conselho de Ética pela cassação de Cunha. De forma consciente, eles estavam loucos para se livrar do problemático presidente da Câmara. De forma inconsciente, talvez desejassem o mesmo destino para a presidente da República. No mesmo dia do anúncio rebelde dos deputados do PT no Conselho de Ética (que mais tarde realmente votariam pela cassação do chefe da Câmara), Cunha apertou o botão do impeachment, e o famigerado processo começou a andar na casa legislativa. A presidente Dilma Rousseff aprendeu tarde que deveria ter se esforçado pelo menos um pouco para conservar o partido a seu lado.

MANDAMENTO 14

Cerca-te de bons conselheiros e ouve o que eles te dizem

O ex-presidente Luiz Inácio Lula da Silva estava abismado. Ele não conseguia acreditar nas barbaridades cometidas a cada dia pela presidente Dilma Rousseff, a figura política que ele havia talhado com tanto esmero para sucedê-lo. Ele concluiu que precisava fazer alguma coisa logo. Se Dilma continuasse afundando o país e enraivecendo a população, Lula teria que dar adeus ao sonho de ser alçado à Presidência da República em 2018, para seu terceiro mandato. Sem voz de comando no governo, a única coisa que ele pôde fazer para tentar evitar que o barco afundasse foi encher a presidente de conselhos, orientações e alertas.

No final de 2014, Lula disse a Dilma que seria prudente desistir da candidatura do petista Arlindo Chinaglia (SP) à presidência da Câmara dos Deputados e apoiar o peemedebista Eduardo Cunha (RJ), que já dava sinais de que venceria com folga. O que Lula repetia era aquele surrado ditado popular: "se não pode vencê-lo, junte-se a ele". Conselho ignorado. Com a derrota de Chinaglia, o ex-presidente insistiu que Dilma deveria aliar-se a Cunha, já chefe dos deputados.[54] Segundo Lula, seria mais tolerável a humilhação de reconhecer que o adversário era poderoso do que a humilhação de perder o controle sobre os deputados e os projetos de lei. Conselho ignorado. As medidas impopulares do governo começaram a pipocar ainda no final do governo Dilma 1 e assim continuaram no governo Dilma 2, das restrições de direitos trabalhistas ao aumento de impostos. Lula puxou a orelha de Dilma e disse que era um erro não diluir algumas medidas populares no meio do pacote de maldades. "Fiz esta pergunta a Dilma: 'Companheira, você lembra qual foi a última notícia boa que demos ao país?'. Ela não lembrava", desabafou ele num evento público.[55] O ex-presidente se queixou, por exemplo, da demora no anúncio das novas fases do Programa de Aceleração do Crescimento (PAC) e do Minha Casa Minha Vida. Ele alertou que os dois programas precisavam ser tirados da paralisia. E acrescentou: "Aquele gabinete presidencial é uma desgraça. Não entra ninguém para contar uma notícia boa".[56] Conselho ignorado. Para o ex-presidente, sua sucessora deveria sair em viagem pelo país. "Ela conviveu muito comigo e sabe que nas horas mais difíceis não tem alternativa a não ser encostar a cabeça no ombro do povo e conversar com ele, explicar. Tem que fazer o que tiver para fazer em Brasília e depois botar o pé na estrada, ela e os ministros. O povo vai cobrar? Vai, mas tem que cobrar mesmo. Quando fica em Brasília esperando... puta merda."[57] Lula dizia isso por experiência própria. Em 2005, quando estava encurralado pelo escândalo do mensalão, ele percorreu o Brasil inaugurando obras e fazendo discursos, para passar ao povo a imagem de que o governo não estava paralisado. A tática deu tão certo que no ano seguinte ele ganhou o segundo mandato. Conselho ignorado. Lula não se cansava de repetir que era um erro falar exclusivamente do ajuste fiscal. O governo parecia um desanimado samba de uma nota só. A presidente deveria explicar também o que de bom viria depois que as contas públicas fossem finalmente equilibradas. Faltava semear otimismo para colher apoio da sociedade. Conselho ignorado. Na visão do ex-presidente, Dilma deveria fazer algum afago nos movimentos organizados de esquerda, como os sem-terra e os sindicalistas, que lhe seriam de enorme valia nas ocasiões em que precisasse provar nas ruas que contava com respaldo popular. Conselho ignorado. Para Lula, seria prudente que sua sucessora se aproximasse também dos governadores e dos prefeitos, anunciando medidas que aliviassem a complicada situação dos cofres estaduais e municipais. Eles, em troca, se sentiriam motivados a pressionar suas bancadas no Congresso a ser leais ao Palácio do Planalto. Conselho ignorado.

Lula deu pitaco até na equipe ministerial. Ele dizia que se estivesse no lugar de Dilma jamais teria empossado Joaquim Levy no Ministério da Fazenda, José Eduardo Cardozo no Ministério da Justiça e Aloizio Mercadante na Casa Civil da Presidência. Para o ex-presidente, o foco neoliberal de Levy de guilhotinar os gastos públicos com fúria era um erro, e o ideal seria um ministro com sensibilidade social, capaz de executar o ajuste fiscal e ao mesmo tempo manter aberta a torneira do crédito subsidiado ao empresariado e à população. Lula acreditava que o governo precisava fazer o dinheiro circular para reanimar a economia e tirar o Brasil da recessão. Quanto a Cardozo, a implicância do ex-presidente estava no fato de o ministro não usar sua ascendência sobre a Polícia Federal para amordaçar as investigações da Operação Lava Jato, que avançavam perigosamente sobre o PT, o governo e o próprio Lula.[58] Os policiais federais prenderam, entre outros, os ex-tesoureiros do PT Delúbio Soares, Paulo Ferreira e João Vaccari Neto, os ex-ministros José Dirceu, Antonio Palocci e Guido Mantega e o senador Delcídio do Amaral (PT-MS), líder do governo no Senado. O ex-presidente da República e seus familiares foram colocados na condição de investigados.[59] Para Lula, Dilma teria que pôr à frente do Ministério da Justiça alguém mais preocupado com o futuro do PT. Mercadante, por sua vez, nutria a antipatia do ex-presidente por causa de sua falta de tato político. Foi ele quem saiu disparando ameaças contra os deputados que não votassem em Arlindo Chinaglia para presidente da Câmara, o que deixou Eduardo Cunha furioso.

Foi também Mercadante um dos ministros que convenceram Dilma a mandar para o Congresso Nacional uma proposta de orçamento deficitário, o que fez o Brasil perder o selo de aprovação das agências internacionais de avaliação de risco.[60] Para Dilma, no entanto, demitir Levy, Cardozo e Mercadante estava fora de cogitação. Conselho ignorado.

> *O príncipe prudente deve ter em seu Estado homens sábios e somente a eles deve dar a liberdade de falar a verdade. Um príncipe deve aconselhar-se sempre. Deve ser um grande perguntador e depois, em relação ao perguntado, um paciente interlocutor da verdade. Esta é uma regra que nunca falha: o príncipe que não for sábio por si mesmo não pode ser bem aconselhado, a não ser que por sorte se aconselhe com alguém muito prudente.*
>
> (*O Príncipe*, cap. 23)

Dilma Rousseff era centralizadora e acreditava que podia governar de modo autossuficiente, sem dar bola para o que tinham a dizer seus ministros, os parlamentares aliados, seu partido e seu antecessor. Para ela, os 55,7 milhões de votos obtidos em 2010 e os 54,5 milhões recebidos em 2014 eram uma carta branca que a autorizava a agir como bem entendesse. Ela interferia com frequência no trabalho dos ministros, que tinham pouca liberdade para tocar seus projetos. Delegar, para a presidente, era difícil. Ela chegava a se irritar com ministros que preparavam apresentações de PowerPoint malfeitas e a ensinar como elas deveriam ser.[61] Dilma ignorou até mesmo o órgão público cuja única função era justamente aconselhá-la. O Conselho de Desenvolvimento Econômico e Social fora uma criação de Lula em 2003 e se compunha de um eclético e robusto grupo de empresários, fazendeiros, sindicalistas, intelectuais, cientistas, líderes religiosos, atletas e artistas que se reunia periodicamente em Brasília para debater as mais diversas questões de interesse nacional e depois levar seus páreceres ao presidente da República. Durante o governo Dilma 2, o Conselhão, como era conhecido, foi esvaziado e praticamente não se reuniu. Dilma, em definitivo, não gostava de ouvir. No máximo, ela consultava os ministros Aloizio Mercadante e José Eduardo Cardozo – justamente aqueles em que Lula não confiava. Ainda que ela resolvesse buscar palavras de sabedoria no governo, seria difícil encontrá-las. Nas trocas ministeriais que fez, com o intuito de dar mais espaço ao faminto PMDB e desarmar a armadilha do impeachment no Congresso, os novos auxiliares que passavam a cercá-la apresentavam credenciais cada vez mais duvidosas. Em outubro de 2015, entraram os deputados Marcelo Castro (PMDB-PI), comandando o Ministério da Saúde, e Celso Pansera (PMDB-RJ), à frente do Ministério da Ciência, Tecnologia e Inovação, ambos representantes do baixo clero da Câmara. Durante a epidemia de microcefalia em bebês, Castro cometeu uma série de gafes ao falar da enfermidade. Para dizer que as mulheres deveriam evitar a gravidez naquele momento crítico, ele soltou uma piada de mau gosto: "Sexo é para amador, gravidez é para profissional". Pansera, no primeiro discurso como ministro, fez um agradecimento às entidades presentes na cerimônia de posse: "O doutor Jacob Palis já me posicionou sobre as demandas da Academia Brasileira de Letras". O doutor, na realidade, era presidente da Academia Brasileira de Ciências. Como Dilma poderia ter tais ministros como conselheiros?

 A própria Dilma Rousseff tampouco foi agraciada com o dom da oratória. O oposto de Lula, ela não conseguia incendiar multidões quando subia no palanque. Suas falas públicas careciam de objetividade, clareza e por vezes de nexo. Diante dos microfones, ela recorria a palavras inadequadas para o contexto, elaborava frases entrecortadas e desencontradas e se arriscava em argumentações que seriam abandonadas antes da conclusão. "Eu quero destacar que, além de ser a maior floresta tropical do mundo, a Floresta Amazônica, mas, além disso, ali tem o maior volume de água doce do planeta, e também é uma região extremamente atrativa do ponto de vista mineral. Por isso, preservá-la implica, necessariamente, isso que o governo brasileiro gasta ali. O governo brasileiro gasta um recurso bastante significativo ali, seja porque olhamos a importância do que tiramos na Rio+20 de que era possível crescer, incluir, conservar e proteger", disse ela num encontro internacional em Bruxelas, em fevereiro de 2014, para desespero dos funcionários que faziam a tradução simultânea.[62] A impressão que se tinha era que, para ela, raciocinar e falar eram duas tarefas impossíveis de executar ao mesmo tempo, como assobiar e chupar cana. "Eu sei escrever, não sei falar. Sou uma escrevinhadora", admitiria ela, num inesperado tom de humildade, já prestes a ser derrubada do governo.[63] Sua aversão às falas públicas era tão grande que em junho de 2014 decidiu extinguir o *Café com a Presidenta*, programa semanal de rádio em que apresentava as ações do governo. O programa havia sido criado durante o governo de Lula, que, ao contrário, compreendia a importância de falar às massas. Quando discursava de improviso, Dilma inevitavelmente soltava alguma pérola. São de sua lavra expressões como "estocar vento", "saudar a mandioca", "*mosquita da dengue*" e "mulheres *sapiens*", entre muitas outras. Em julho de 2015, ao anunciar que o Pronatec seria bem mais modesto do que o prometido na campanha presidencial, ela explicou: "Não vamos colocar meta [de vagas]. Vamos deixar a meta aberta, mas, quando atingirmos a meta, vamos dobrar a meta". Em dezembro, a Câmara dos Deputados recebeu mais um pedido de impeachment. Dessa vez, as entidades signatárias acusaram a presidente de cometer "pedaladas mentais" contra a nação. O pedido não foi levado a sério. Acabou valendo como piada.

> *Não há outro modo de evitar a adulação se não fazendo os homens entenderem que não te ofendem se te disserem a verdade. Ao compreender que alguém, por respeito, não te diz a verdade, deves ficar aborrecido.*
>
> (*O Príncipe*, cap. 23)

A QUEDA DE DILMA

A comunicação manca de Dilma Rousseff era um assunto tabu no Palácio do Planalto. No início do governo Dilma 1, os assessores presidenciais chegaram a sugerir que ela tomasse aulas particulares de oratória, para que a nação conseguisse entender exatamente aquilo que ela pretendia dizer. Levaram uma bronca tão pesada da chefe que nunca mais voltaram ao assunto. Dilma, de fato, tinha pouca tolerância com quem se atrevia a dizer-lhe o que fazer. Numa reunião no Palácio do Planalto, o líder do governo na Câmara, deputado José Guimarães (PT-CE), alertou sobre os riscos de uma medida que ela estava prestes a tomar: "Mas, presidenta, essa decisão pode afetar sua popularidade". Dilma reagiu com um coice: "A popularidade é minha, e eu faço com ela o que eu quiser."[64] Com esse tipo de atitude, Dilma tirou das pessoas que a cercavam a disposição para dizer-lhe a verdade. Em vez disso, elas passaram a dizer apenas aquilo que a chefe desejava ouvir. A presidente acabou incentivando os comportamentos burocráticos e podando qualquer esboço de criatividade em sua equipe. O governo deixou de fazer correções de rota urgentes pelo fato de os auxiliares presidenciais não terem se atrevido a abrir a boca. Era como no conto infantil *A Roupa Nova do Rei*, de Hans Christian Andersen, em que o rei desfilava nu por seus domínios, crente que vestia um traje belíssimo e visível somente para os inteligentes, sem que os súditos tivessem coragem de acabar com aquele espetáculo tragicômico avisando-lhe que na verdade não havia roupa nenhuma.

> *Deve o príncipe ler as histórias dos vários países e considerar os feitos dos homens ilustres, observando como se conduziram nas guerras, examinando os motivos de suas vitórias e derrotas a fim de poder fugir destas e imitar aquelas e, sobretudo, fazendo como no passado tinham feito alguns ilustres homens, que passavam a imitar outros que antes deles tinham sido louvados e elogiados, e também aqueles que sempre tiveram gestos e ações dignos de memória, como Alexandre Magno, que imitava Aquiles, César, que imitava Alexandre, e Cipião, que imitava Ciro.*
> (*O Príncipe*, cap. 9)

De acordo com Nicolau Maquiavel, não faz sentido que um príncipe busque aprender sozinho a governar, uma vez que vários outros monarcas já trilharam esse mesmo caminho com sucesso e, portanto, têm muito a ensinar. O autodidatismo implica tentativas e erros antes dos acertos. No mundo do poder, isso deve ser evitado a todo custo, pois um simples erro pode significar a derrocada definitiva. Esse é o principal motivo pelo qual Dilma Rousseff deveria, sim, ter dado ouvidos aos conselhos de Luiz Inácio Lula da Silva. Pelos critérios maquiavélicos, Lula era um príncipe exemplar. Com maestria, ele soube conquistar, manter e ampliar o poder. Elegeu-se presidente em 2002 e reelegeu-se em 2006. Nesses oito anos, conseguiu não ser devorado pelo PMDB e sobreviver ao mensalão. Quando deixou o Palácio do Planalto, ostentava fabulosos 83% de aprovação popular, o maior índice já registrado pelos presidentes da República. Além disso, ele elegeu sua afilhada política em 2010 e a reelegeu em 2014. Apesar de todo o talento político de Lula, Dilma se conservava turrona, insistia que a mandatária era ela, negava-se a fazer caso das dicas, batia de frente com o antecessor e fazia questão de conduzir o governo à sua maneira — à sua errática maneira. Inconformado, o ex-presidente chegou a bater boca com sua sucessora no Palácio da Alvorada em março de 2015. Os ministros que aguardavam na sala ao lado arregalaram os olhos diante dos gritos e dos tapas na mesa que vinham de trás da porta. Lula perguntou: "O que aprendemos com essa eleição [de 2014, em que Dilma venceu por uma pequena margem de votos]?". Ele próprio respondeu: "Que devemos mudar!".[65] Talvez a obstinação em manter o ouvido surdo se explicasse pelo fato de Dilma ter tentado se livrar do incômodo epíteto de "poste do Lula", que ela ganhara na campanha eleitoral de 2010, em razão da inexperiência política. No começo do governo Dilma 1, ao contrário, a presidente era menos refratária às ponderações do antecessor. Em outubro de 2011, Lula foi obrigado a se afastar da política para tratar um câncer de laringe. Quando ele se curou e pôde voltar à ativa, em março de 2012, Dilma acreditava que já havia aprendido o suficiente e não precisava mais de guru nenhum.

A água da crise política e econômica subiu rápido demais, e Dilma Rousseff começou a se afogar. Foi só assim que ela caiu na realidade e se deu conta de que Luiz Inácio Lula da Silva tinha razão em todos aqueles insistentes alertas. A presidente começou a ouvi-los apenas no segundo semestre de 2015, quando o impeachment se tornou uma ameaça real. As viagens presidenciais pelo Brasil para tentar mostrar que o governo não estava paralisado se tornaram rotineiras em agosto. Nessas turnês, Dilma entregou a famílias pobres as chaves das moradias do Minha Casa Minha Vida. A presidente tirou Aloizio Mercadante da Casa Civil na primeira reforma ministerial, em outubro, dando lugar a Jaques Wagner, nome da mais completa confiança de Lula. Foi também em outubro que Dilma Rousseff selou com Eduardo Cunha um acordo secreto de mútua salvação: a presidente frearia o avanço do pedido de cassação dele no Conselho de Ética da Câmara e, em troca, o deputado seguraria o pedido de impeachment dela. Em dezembro, o ministro Joaquim Levy deixou a Fazenda, mas não foi substituído pelo ex-presidente do Banco Central Henrique Meirelles, o nome desejado por Lula. Para o posto de Levy, a presidente escalou Nelson Barbosa, que trocaria o Planejamento pela Fazenda. Em janeiro de 2016, a presidente reativou o Conselho de Desenvolvimento Econômico e Social, depois de passar um ano e meio escanteado. Em março, transferiu José Eduardo Cardozo do Ministério da Justiça para a chefia da Advocacia-Geral da União (AGU). Para o lugar dele na Justiça, Dilma escolheu Wellington César Lima, que era promotor do Ministério Público do Estado da Bahia. No dia seguinte, os tribunais sustaram a nomeação, sob o argumento de que a Constituição proibia promotores e procuradores de ocupar cargos fora do Ministério Público, a não ser a docência. Revés para o governo. Para substituí-lo, Dilma convocou Eugênio Aragão, que era subprocurador-geral da República. Ele pôde assumir o cargo porque sua entrada no Ministério Público

Federal havia se dado antes da criação da Constituição de 1988. Uma das primeiras declarações de Aragão como ministro da Justiça deixou os brasileiros apreensivos. Ele estava disposto a fazer o que Lula tanto pedia: "Cheirou a vazamento de investigação por um agente nosso, a equipe será toda trocada. Eu não preciso ter provas. A PF está sob nossa supervisão".[66] Para Lula, Aragão estava certíssimo, ao contrário de Cardozo, que pecara pela moleza nos cinco anos em que esteve na cabeceira do Ministério da Justiça. A Operação Lava Jato, tão aplaudida pela sociedade, parecia correr risco. Dilma lançou a terceira etapa do programa Minha Casa Minha Vida em março de 2016, com quase dois anos de atraso. Melhor tarde do que nunca. No caso do Programa de Aceleração do Crescimento, nem atraso houve. A terceira fase do PAC, por falta de dinheiro, foi abortada no meio do caminho. O afago que Dilma fez no PT e nos movimentos organizados de esquerda ocorreu também em março. E foi muito maior do que eles poderiam imaginar. A presidente decidiu chamar Lula para ocupar a Casa Civil da Presidência da República, no lugar de Jaques Wagner. O ex-presidente seria um superministro e teria duas missões cruciais a cumprir. Numa frente, ele trataria de colocar o governo de volta nos trilhos da justiça social e do crescimento econômico. Na outra, conduziria as negociações com os deputados para derrubar o pedido de impeachment deflagrado por Eduardo Cunha.

Desde o governo Dilma 1, o ex-presidente Luiz Inácio Lula da Silva vinha alertando sua sucessora a respeito de Michel Temer, o vice-presidente da República. Temer não tinha função prática no governo. Para Lula, Dilma deveria parar de menosprezá-lo. Poderia dar-lhe algum ministério, como o da Justiça, para que ele permanecesse ocupado e ao mesmo tempo se sentisse prestigiado. Lula citou seu próprio exemplo. Quando foi presidente, ele confiou cargos de destaque a José Alencar, seu vice. Primeiro, Alencar coordenou o grupo responsável por analisar a viabilidade da canalização das águas do Rio São Francisco para as regiões mais secas do sertão nordestino. Depois, assumiu o Ministério da

A QUEDA DE DILMA

Defesa. Por muito tempo, Dilma achou que era mais uma das besteiras de Lula. Temer, afinal, já tinha seus apaniguados abrigados na máquina estatal, o que parecia ser o bastante.[67] Quando, enfim, ela decidiu incluir o vice para valer no governo, o conselho do ex-presidente já havia passado do prazo de validade.

MANDAMENTO 15

Não tentes fugir de uma guerra que é inevitável

Em 1º de janeiro de 2015, ao ser empossada pelo Congresso Nacional para o segundo mandato, uma Dilma Rousseff aparentemente otimista fez um extenso pronunciamento à nação. Em 45 minutos de fala no plenário da Câmara dos Deputados, ela proferiu 4,5 mil palavras. A presidente constatou que "nunca o Brasil viveu um período tão longo sem crises institucionais", festejou que a taxa de desemprego estava "nos menores patamares já vivenciados na história de nosso país" e prognosticou o início de "um novo ciclo histórico de mudanças, de oportunidades e de prosperidade, alicerçado no fortalecimento de uma política econômica estável, sólida, intolerante com a inflação". Se Dilma voltasse a se dirigir à nação meses depois, ela não conseguiria aproveitar nenhuma daquelas 4,5 mil palavras. Teriam que ser todas jogadas na lata do lixo. Antes que o primeiro ano do governo Dilma 2 tivesse se encerrado, a presidente havia parido uma ruinosa mistura de crise política e crise econômica sem precedentes no Brasil. O discurso precisaria ser virado pelo avesso. Teriam que ir para o lixo inclusive as poucas palavras dirigidas ao vice-presidente da República: "Sei que conto com o apoio do meu querido vice-presidente, Michel Temer, parceiro de todas as horas". Para se implodir de uma vez por todas, Dilma conseguiria a façanha de transformar o fleumático e conciliador Temer em inimigo.

Desde o governo Dilma 1, o ex-presidente Luiz Inácio Lula da Silva vinha alertando sua sucessora sobre a necessidade de valorizar o vice Michel Temer. Era preciso mantê-lo ocupado, acomodado em algum cargo de relevo no governo. Até o regime militar de 1964, os presidentes não tinham que se preocupar com isso. As primeiras Constituições da República davam automaticamente ao vice a função de presidente do Senado. Os vices, por isso, tinham muito a fazer. Dilma Rousseff resistiu o quanto pôde a obedecer a Lula e repartir o poder com Temer. Ela só deu o braço a torcer quando o Palácio do Planalto apanhava feio do Congresso Nacional na votação de projetos de lei e estava prestes a ir a nocaute. A descoordenada dupla de ministros Aloizio Mercadante, da Casa Civil, e Pepe Vargas, das Relações Institucionais, primeiro fracassou na missão de eleger um presidente da Câmara dos Deputados amigo do governo e depois tampouco deu conta de domar os leões do Congresso insuflados pelo deputado Eduardo Cunha. As propostas da pauta-bomba avançavam com uma rapidez impressionante e as do ajuste fiscal eram mantidas em banho-maria, sem que o governo tivesse forças para sair das cordas. Em abril de 2015, enfim Dilma decidiu tirar Temer da geladeira e o convocou para entrar em campo. Para isso, ela precisou fazer um pequeno rearranjo no governo. A Secretaria de Relações Institucionais foi extinta, e Pepe foi deslocado para a Secretaria de Direitos Humanos – naquele constrangedor episódio em que ele foi desautorizado por Dilma no meio de uma entrevista coletiva. Mercadante permaneceu na Casa Civil, agora proibido de negociar com os parlamentares. Assumindo as tarefas da malsucedida dupla de ministros, Temer aceitou encarar o Congresso Nacional, mesmo sem ocupar formalmente nenhum ministério. "Assumi essa posição em face do pleito da presidente. Eu não poderia recusar, sob pena de entenderem que eu não queria colaborar. Assumi com muita preocupação, porque havia, sem culpa de ninguém, certa desarticulação", disse o diplomático vice-presidente.[68]

O recrutamento de Michel Temer para a missão de amansar os parlamentares não poderia ter sido mais acertada. Em primeiro lugar, porque ele era desde 2001 o presidente do PMDB, justamente o partido que mais vinha sabotando Dilma Rousseff no Congresso Nacional. Surpreendia que a presidente da República não tivesse recorrido a ele antes. É certo que o PMDB era um partido pulverizado e seu presidente não tinha quase nenhum poder sobre os filiados, mas o que importava era que Temer adquirira a valiosa habilidade de manter a paz entre facções discordantes – o PMDB governista e o PMDB oposicionista – e conhecia bem mais do que Pepe e Mercadante a personalidade e as ambições dos congressistas entrincheirados no outro lado da Praça dos Três Poderes. Em segundo lugar, porque Temer tinha uma longeva vivência parlamentar. No currículo, ostentava seis mandatos consecutivos de deputado federal. Ele transitou com tanta desenvoltura pelos corredores da Câmara de 1987 a 2010 que foi aclamado líder da bancada do PMDB uma vez e presidente da casa legislativa três vezes – duas vezes no governo Fernando Henrique Cardoso e uma vez no governo Lula. Poucos políticos tinham tamanho domínio das complexas engrenagens do Congresso e compreendiam com total clareza os termos sob os quais o Poder Executivo e o Poder Legislativo negociavam o destino do Brasil.

Para auxiliá-lo na tarefa de domesticar o Congresso Nacional em nome do governo Dilma 2, Michel Temer recrutou um de seus aliados mais fiéis, Eliseu Padilha, o ministro da Aviação Civil. Temer e Padilha entraram em campo oferecendo as benesses de sempre aos deputados que se dispusessem a votar com o governo: cargos na máquina pública e a liberação de verbas de emendas parlamentares. Aos poucos, os novos e hábeis negociadores políticos de Dilma Rousseff foram montando um detalhado mapa das repartições públicas onde os parlamentares já tinham afilhados políticos e das repartições que eles ambicionavam colonizar. O vice-presidente suou a camisa e conseguiu corresponder às expectativas do Palácio do Planalto. A arredia Câmara dos Deputados finalmente parecia disposta a desobedecer a Cunha e voltar a colaborar em alguma medida com o governo. Propostas do ajuste fiscal, ainda que com dificuldade, foram aprovadas. Em pouco tempo, contudo, o governo se encarregaria de jogar um balde de água fria na cara do vice-presidente. A boa vontade dos deputados foi fugaz. Eles, sim, cumpriram sua parte no trato, votando a favor dos projetos de lei do ajuste fiscal, mas o governo não entregou as contrapartidas que Temer prometera. Não foi culpa do vice. Numa frente, o ministro da Fazenda, Joaquim Levy, fechou o cofre e não consentiu com a liberação das verbas negociadas, alegando que o governo estava na penúria e não poderia liberar tanto dinheiro para o Congresso. Em outra frente, Aloizio Mercadante começou a se intrometer nas negociações de Temer e descosturou vários dos acordos que ele havia fechado. O ministro da Casa Civil agiu movido pelo desejo de ver a articulação política de volta nas mãos do PT, e não mais nas do PMDB. Numa terceira frente, a presidente assistiu à fritura do vice sem levantar nem um só dedo para salvá-lo.[69] Dilma sentiu-se diminuída vendo o gabinete de Temer bem mais movimentado do que o seu. A incômoda conclusão que ficava cada vez mais evidente era que o vice tinha muito mais experiência e talento no trato político do que a presidente. "Ele está achando que virou presidente", ironizou Dilma, dominada pelo ciúme.[70] A cada incêndio que Temer apagava, o governo corria com a gasolina para reacendê-lo. O vice não engoliu a tripla puxada de tapete. Exausto, irritado e principalmente ofendido, ele abandonou a articulação política em agosto de 2015. Saiu batendo a porta.

Dilma Rousseff perdia seu vice para sempre. Michel Temer nunca tornaria a ser a mesma pessoa. Em vez de voltar para a rotina de coquetéis aborrecidos e jantares desimportantes no Palácio do Jaburu, a residência oficial do vice-presidente da República, ele resolveu debandar para a trincheira de Eduardo Cunha. Nos quase cinco meses em que foi o responsável pelas negociações parlamentares do governo Dilma 2, ele viu com seus próprios olhos que a presidente e sua equipe agiam com involuntário afinco para afundar o barco presidencial. Não havia dúvida: pelo andar da carruagem, o caos nacional se aprofundaria e em pouco tempo Dilma não teria mais nenhuma condição de seguir governando. Na hipótese de a presidente ser derrubada num já aventado processo de impeachment, Temer herdaria a faixa presidencial. O coração do vice bateu acelerado diante da possibilidade. Ele, então, aderiu ao complô, engrossando o grupo que tentava tombar a árvore presidencial apodrecida.

Michel Temer emitiu o primeiro sinal de que não estava mais com a presidente poucos dias antes de renunciar ao cargo de articulador político. Em agosto de 2015, ele afirmou que a crise só seria superada por "alguém" que tivesse "a capacidade de reunificar a todos". Para bom entendedor, a meia palavra do vice significava que esse alguém, em definitivo, não era Dilma Rousseff. A partir de então, a suspeita em relação às segundas intenções do vice foi paulatinamente cedendo lugar à certeza. Quando Temer pediu as contas, Dilma apelou para o futuro do governo e do Brasil e implorou que ele reconsiderasse. A presidente podia esquecer: o vice se disse irredutível. Foram quase cinco meses de pura frustração, e ele não estava disposto a passar por tudo aquilo novamente. A presidente não esperava tamanho gesto de insubordinação. Ainda em agosto, ela rogou que ele, já fora das negociações com o Congresso, fizesse um trabalhinho extra e ajudasse a convencer os parlamentares a aprovar a CPMF, o impopular tributo que era tido como a salvação do governo. Temer nem sequer fora chamado para as reuniões sobre o imposto. Ressentido, ele abandonou seu tradicional estilo cortês e respondeu curto e grosso: "Não posso fazer nada pela CPMF".[71] Sua postura não foi simplesmente neutra. O vice se reuniu diversas vezes com os maiores empresários do país e os insuflou contra o imposto – e contra o governo Dilma. "O país não suporta mais o aumento da carga tributária", disse ele aos poderosos da economia nacional. Em setembro, no Dia da Independência, Dilma gravou um vídeo apenas para a internet – ela já fugia do rádio e da TV para não ter que ouvir o panelaço – em que fez uma mal-ajambrada confissão de culpa: "Se cometemos erros, e isso é possível, vamos superá-los e seguir em frente. Alguns remédios para essa situação, é verdade, são amargos, mas são indispensáveis". No dia seguinte, Temer veio a público num tom acima do habitual: "Temos que evitar remédios amargos. Aumento de tributo só em última hipótese, descartável desde já". Era a exata expressão que ela usara. Não poderia haver sinal mais ostensivo de afronta. Numa guerra de nervos, o vice media forças com a titular.

Michel Temer continuou com os ataques. Ainda em setembro, ele tocou na ferida de Dilma: "Ninguém resiste três anos e meio com esse índice baixo de popularidade. Se continuar assim, vai ficar difícil". Semanas antes, as pesquisas de opinião a haviam rebaixado à condição de presidente mais odiada da história do Brasil, com a rejeição de 71% dos brasileiros e a aprovação de 8%. Em outubro, como presidente do PMDB, Temer assinou um documento intitulado *Uma Ponte para o Futuro*, listando uma série de medidas políticas, econômicas e sociais que o partido considerava necessárias para tirar o Brasil do atoleiro. Muitas delas iam na contramão daquilo que Dilma vinha implementando. O objetivo óbvio era fazer a sociedade crer que o vice tinha um projeto claro e exequível para salvar a nação. Tratava-se de um plano de governo pós-Dilma – o Plano Temer. No mesmo mês, o vice fez uma reunião com Aécio Neves, o candidato derrotado por Dilma Rousseff em 2014, e a conversa foi sobre uma aliança entre o PMDB e o PSDB na hipótese de a presidente ser mesmo derrubada.[72]

Horas antes de o deputado Eduardo Cunha dar o pontapé no processo de impeachment na Câmara, em dezembro de 2015, Michel Temer ofereceu um almoço suspeito a senadores da oposição. Pior ainda, num momento tão grave, o vice simplesmente se negou a fazer uma defesa pública da presidente. O Palácio do Planalto forçou a barra e tentou arrancar de Temer, que era advogado e autor de um livro conceituado de direito constitucional, a declaração de que o impeachment seria um atentado à Constituição. "Assim como nós, Temer não vê nenhum lastro nesse processo de impeachment", disse o ministro da Casa Civil, Jaques Wagner. O tiro saiu pela culatra. Atônito, Temer acusou o governo de pôr palavras em sua boca: "Eu não disse isso em momento algum da minha conversa com a presidente". Na mesma linha, o ministro Edinho Silva, da Comunicação Social, afirmou que Temer se comprometera a fazer o assessoramento jurídico de Dilma no processo. O vice também o desmentiu. No lugar das desejadas palavras de apoio, o que a presidente recebeu foi uma carta rancorosa, em que o vice soltou os cachorros. No texto, ele reclamou de ter sido um "vice decorativo", acusou o governo de "buscar promover a divisão" do PMDB, choramingou pela demissão do afilhado político que comandava a Secretaria de Portos e se disse magoado por não ter sido convidado para uma reunião que Dilma teve com o vice-presidente dos Estados Unidos, Joe Biden. "Finalmente", concluiu ele, "sei que a senhora não tem confiança em mim e no PMDB hoje e não terá amanhã." Nunca ficou claro se foi Dilma ou Temer quem vazou a carta para a imprensa. De qualquer forma, com a surpreendente correspondência, o vice procurou convencer a opinião pública de que, se estava virando a casaca, a culpa era todinha da presidente, e não dele.

Ainda em dezembro de 2015, em conluio com Cunha, Temer armou uma sabotagem contra o Palácio do Planalto. Eles derrubaram o governista Leonardo Picciani (RJ) do cargo de líder dos deputados do PMDB. O processo de impeachment já estava em andamento. Dilma, porém, conseguiria recolocar Picciani no posto uma semana mais tarde. Pouco depois, Temer ventilou a notícia de que, caso assumisse a Presidência da República, o Ministério da Fazenda seria confiado ao ex-presidente do Banco Central Henrique Meirelles. Para a elite econômica, não havia melhor nome para tirar o Brasil da recessão. Ainda antes do fim de 2015, Temer se disse defensor de uma medida que de cara conquistou mentes e corações no Congresso Nacional: a transformação do Brasil num país semiparlamentarista (ou semipresidencialista). Nesse modelo, o presidente da República perderia uma parte considerável de seus poderes para os parlamentares. O vice sabia que era importantíssimo cativar o Congresso, pois o impeachment de Dilma estava nas mãos dos deputados e senadores. Os ataques não cessaram com a virada do ano. Referindo-se a *Uma Ponte para o Futuro*, Temer afirmou em fevereiro de 2016: "Lamento dizer que até o presente momento essas ideias não foram acolhidas pelo governo. As que foram acolhidas não foram mencionadas como teses do PMDB". Em março, o vice fez uma nova reunião com Aécio. No mesmo mês, Temer se recusou a participar da cerimônia no Palácio do Planalto que efetivou uma nova reforma ministerial – Lula na Casa Civil, Eugênio Aragão na Justiça, Jaques Wagner no Gabinete Pessoal da Presidência da República e Mauro Lopes na Aviação Civil. Logo em seguida, o PMDB, partido comandado por Temer, anunciou que estava abandonando a coalizão presidencial e deixaria todos os cargos que ocupava no governo. O PSDB imediatamente se aliou ao PMDB. Antes rachada, a oposição agora se tornava imbatível.

Sem nenhum pudor e totalmente às claras, o vice-presidente tentava arrancar a faixa verde e amarela do peito da titular. Era algo que não se via desde 1954, quando o vice Café Filho aderiu aos golpistas e propôs que o presidente Getúlio Vargas abandonasse o Palácio do Catete. Getúlio rejeitou a renúncia e se suicidou, retardando o golpe militar por dez anos. E era exatamente o contrário do que sucedeu em 1992, quando o presidente Fernando Collor foi alvo de um pedido de impeachment e o vice Itamar Franco ficou quieto em seu canto, sem tentar interferir no curso dos acontecimentos. Dilma Rousseff viu todos os canhões do Palácio do Jaburu ostensivamente apontados para o Palácio da Alvorada, mas achou mais prudente fazer vista grossa. Fingiu que não era com ela. Nicolau Maquiavel teria ficado inconformado – não por causa do vice, que dava vazão à sua compreensível sede de poder, mas sim por causa da presidente.

A queda de Dilma

Não se deve jamais adiar uma guerra inevitável. O lado que buscar adiá-la sempre ficará em desvantagem.

(*O Príncipe*, cap. 3)

A Europa já sentiu na pele os efeitos arrasadores da desobediência a essa receita de Maquiavel. No final da década de 1930, a França e a Grã-Bretanha fingiram não ver o agressivo avanço das tropas da Alemanha nazista sobre o continente. Foi a infeliz política de apaziguamento, que tinha como objetivo evitar a todo custo a repetição da carnificina da Primeira Guerra Mundial, mas no fim das contas apenas deu mais forças para que Adolf Hitler continuasse com suas investidas. A Segunda Guerra Mundial demorou, mas explodiu. Winston Churchill, que se tornou primeiro-ministro britânico com a guerra já em curso, resumiu o erro que fora o apaziguamento: "Vocês puderam escolher entre a guerra e a desonra. Escolheram a desonra e tiveram a guerra". Dilma Rousseff fez a mesma coisa. Com sua política de apaziguamento, deu a impressão de que estava acuada e tinha medo de bater de frente com Michel Temer. Os súditos, como se sabe, não desejam ser governados por um príncipe fraco e incapaz de protegê-los. O vice, por sua vez, aparentou ter a bravura e a força que eles esperam de um mandatário. Sem ser nem mesmo censurado, foi aos poucos sentindo-se confiante para aumentar a frequência e a intensidade das investidas e também para arregimentar mais aliados. Temer conseguiu cortejar os parlamentares e o empresariado – as poderosas elites política e econômica – e convencê-los de que era capaz de oferecer boas perspectivas ao país.

Filopêmene, príncipe dos aqueus, entre outras qualidades que os escritores lhe atribuíram, tinha a de que em tempos de paz não deixava jamais de pensar na guerra.

(*O Príncipe*, cap. 14)

Recusando-se a aceitar uma guerra contra Michel Temer, Dilma Rousseff jogou panos quentes o quanto pôde. Em agosto de 2015, quando o caldo ainda começava a entornar, ela disse: "Não acho que ele falou aquilo [que faltava alguém para reunificar o país] com a intenção que lhe atribuíram. O Temer tem sido de uma imensa lealdade comigo. Ele tem responsabilidade com o país". Dilma, na realidade, já havia enxergado claramente aonde o vice queria chegar. Tanto é verdade que, assim que ele largou as negociações com o Congresso, a presidente correu para selar uma aliança com o presidente do Senado, Renan Calheiros. Caso contrário, teria ficado completamente isolada. Foi a aproximação com o senador o que lhe garantiu alguns meses de sobrevida. Em dezembro, Dilma ainda persistiu no tom apaziguador: "O vice-presidente Temer sempre foi extremamente correto comigo e tem sido assim. Não tem por que desconfiar dele um milímetro". Após o episódio da carta-desabafo, no mesmo mês, os dois finalmente fizeram uma reunião. "Na nossa conversa, eu e o vice-presidente Michel Temer decidimos que teremos uma relação extremamente profícua, tanto pessoal quanto institucionalmente, sempre considerando os maiores interesses do país", escreveu Dilma numa nota pública apática e incompatível com as sabotagens do vice.

Para Nicolau Maquiavel, Dilma Rousseff deveria ter entrado na guerra assim que Michel Temer abandonou a articulação política e se insurgiu. Ela poderia ter logo saído a público para acusá-lo de trabalhar contra o governo e o próprio país, preocupado apenas com suas ambições de poder. Denunciando a tentativa de golpe, poderia ter pressionado o vice a renunciar. A moral individual, aquela que rege os súditos, não tolera o oportunismo e o golpismo – ao contrário da moral do poder, que até incentiva tais comportamentos. Por isso, se Dilma desmascarasse Temer de uma vez, é provável que a população tivesse se posicionado majoritariamente contra ele. Não é possível, porém, assegurar que essa tática teria surtido tal efeito, já que a própria Dilma já estava desacreditada ante a nação quando Temer começou a conspirar. De qualquer maneira, a imagem dele teria pelo menos saído arranhada. Assim que os planos de impeachment ganharam força, a presidente recorreu a expressões como "golpe" e "ruptura institucional" para defender-se. No máximo, acusou o deputado Eduardo Cunha de estar por trás do complô. Temer passou meses incólume.

Em abril de 2016, faltando uma semana para o plenário da Câmara dos Deputados decidir se o pedido de impeachment deveria prosperar e ser remetido ao Senado, o vice-presidente gravou ao microfone do celular um discurso de vitória, como se os deputados já tivessem aprovado o pedido. Os assessores do vice juraram que ele, pouco familiarizado com as novidades tecnológicas, disparara a mensagem para o celular dos correligionários por acidente. Depois de se dirigir aos políticos (com a história do semiparlamentarismo) e aos empresários (com as críticas à CPMF), dessa vez a mensagem foi endereçada à população mais pobre: "Sei que dizem de vez em quando que, se outrem assumirem [sic], nós vamos acabar com o Bolsa Família, com o Pronatec. Isso é falso, é mentiroso e é fruto dessa política rasteira que tomou conta do país". Foi só então que Dilma Rousseff – até que enfim – reagiu como deveria ter feito logo no início. Ela acusou Temer de agir em conluio com Cunha. "Os golpistas podem ter chefe e vice-chefe assumidos. Não sei direito qual é o chefe e qual é o vice--chefe. Um deles [Cunha] é a mão não tão invisível, que conduz com desvio de poder e abusos inimagináveis o processo de impeachment. O outro [Temer] esfrega as mãos e ensaia a farsa de vazamento de um pretenso discurso de posse. Cai a máscara dos conspiradores. O país e a democracia não merecem tamanha farsa." Quando a guerra por fim estourou, o vice já estava armado até os dentes, bombardeava a presidente com toda a munição e tinha uma parcela considerável do país a seu lado. Era tarde demais para Dilma tentar qualquer reação.

MANDAMENTO 16

Não confies a defesa do teu Estado a um exército de mercenários

Se tivesse ocorrido em qualquer outro momento dos governos Dilma 1 e 2, a cena teria sido de puro júbilo. No Palácio do Planalto, a presidente Dilma Rousseff alçava o ex-presidente Luiz Inácio Lula da Silva ao posto de ministro da Casa Civil. Os papéis agora se invertiam. Por cinco anos na década anterior, fora Dilma Rousseff quem ocupara a chefia da Casa Civil de Lula. Na cerimônia de posse, em meio aos sorrisos e braços erguidos em sinal de vitória, a presidente e o novo ministro se esforçavam para aparentar entusiasmo, mas a tensão era perceptível. Eles tinham o semblante exausto. Não havia júbilo. Era março de 2016, e a votação do impeachment na Câmara dos Deputados ocorreria dentro de um mês. O plano era que, na Casa Civil, Lula usasse toda a sua habilidade política para tentar convencer os deputados a não embarcar no grupo de Eduardo Cunha e Michel Temer e a votar contra o impeachment. Essa era a última cartada de Dilma Rousseff para salvar seu mandato.

Tudo deu errado. Dilma Rousseff pensou demais antes de convocar Luiz Inácio Lula da Silva para o time. Quando o convocou, tanto o governo quanto Lula estavam no inferno astral. O governo agonizava, em fase terminal. O ex-presidente tinha migrado das páginas políticas para as policiais. As pesquisas de opinião mostravam que ele, o presidente mais adorado da história brasileira, não tinha mais tanto prestígio assim. Lula fora definitivamente arrastado para o olho do furacão da Operação Lava Jato, sob a suspeita de ter liderado, como presidente da República, o esquema que saqueou a Petrobras. Os investigadores farejavam a hipótese de que, durante os governos Lula 1 e 2, as empreiteiras conseguiram contratos superfaturados com a petrolífera em troca de propinas pagas ao ex-presidente e a outros políticos. A Polícia Federal e o Ministério Público suspeitavam que o dinheiro sujo supostamente dado a Lula fora camuflado na forma de generosos honorários por palestras fechadas e de dois confortáveis imóveis – um sítio com lago em Atibaia-SP e um tríplex à beira-mar em Guarujá-SP. Embora estivesse na condição de mero investigado, e não na de réu, a reputação de Lula já estava na lama.

A nervosa cerimônia no Palácio do Planalto ocorreu em 17 de março. Lula, o novo ministro, vinha de uma sequência de percalços. No dia 4, por ordem do juiz Sérgio Moro, um dos responsáveis pela Lava Jato, o ex-presidente foi levado à força para prestar depoimento à Polícia Federal em São Paulo. No dia 9, o Ministério Público do Estado de São Paulo – que não tinha participação na Operação Lava Jato – pediu a prisão preventiva de Lula, sob a acusação de lavagem de dinheiro e falsidade ideológica na história do tríplex da praia. A Justiça de São Paulo, porém, entendeu que o caso não era da alçada estadual e o remeteu para o juiz Sérgio Moro, da esfera federal. No dia 16, véspera da posse, Moro divulgou a gravação de um esquisito telefonema grampeado entre a presidente e o ex-presidente. "Lula, deixa eu te falar uma coisa: eu estou mandando o Messias junto com um papel para a gente ter, que é o termo de posse, e só use em caso de necessidade", afirmou Dilma Rousseff. "Fico aguardando. Tchau, querida", respondeu Lula. Embora ela não tenha dito claramente, era possível subentender que a nomeação como ministro tinha como objetivo dar a Lula foro privilegiado, para que ele, na eventualidade de um julgamento, escapasse do martelo de Moro e fosse levado ao Supremo Tribunal Federal (STF). Dos onze ministros do STF naquele momento, oito haviam sido escolhidos por Lula ou Dilma – o que lhes dava a esperança de que um eventual julgamento conduzido pelos ministros fosse menos rigoroso do que um conduzido pelo juiz Sérgio Moro. O foro privilegiado, além disso, costumava ser desejado porque os julgamentos do STF eram muito mais demorados do que os da primeira instância, em razão do grande número de processos nas mãos de cada ministro.

Luiz Inácio Lula da Silva não teve tempo para se acomodar no gabinete da Casa Civil. Apenas uma hora e meia após a cerimônia de posse, veio a primeira de várias ordens judiciais emitidas por tribunais de diferentes regiões do Brasil suspendendo a nomeação. No dia seguinte, o ministro do STF Gilmar Mendes, implacável antipetista,[73] concedeu uma decisão liminar na mesma direção, sob o argumento de que o objetivo de Dilma ao colocar Lula no governo era fraudar a Constituição. Mais uma vez, a presidente contribuiu com a própria ruína. Aos olhos do país, Dilma deixou a sensação de que agira com pequenez, protegendo seu enrascado padrinho político dos rigores da lei e da Justiça, e não com a grandeza que o cargo de presidente da República exige, mirando exclusivamente os interesses maiores da nação. Com o tombo de Lula, o governo sofria mais uma derrota, e as chances de o impeachment ser aprovado se agigantavam.

Dilma Rousseff precisava urgentemente ter o antecessor dentro do governo, mesmo que não fosse como ministro. Como a presença oficial fora vetada por ordem judicial, a presidente confiou a Lula de forma informal a missão de negociar com o Congresso Nacional – a mesma missão que no passado fora dada primeiro à dupla de ministros Aloizio Mercadante e Pepe Vargas, depois ao vice-presidente Michel Temer e por fim ao ministro Jaques Wagner, sem que ninguém tivesse de fato alcançado o resultado esperado. Impedido de despachar no Palácio do

Planalto, Lula se instalou numa suíte do hotel cinco estrelas vizinho do Palácio da Alvorada, onde passou a receber deputados e senadores para oferecer-lhes as benesses clássicas do presidencialismo de coalizão: cargos e verbas – agora em troca de votos contra o impeachment. Enquanto isso, no Palácio do Jaburu, também vizinho do Alvorada, Temer fazia exatamente o mesmo tipo de negociação – só que a favor do impeachment. Quando abandonou a articulação política do governo, o vice-presidente levou debaixo do braço a planilha que ao longo de quase cinco meses ele elaborara contendo tanto os espaços da máquina pública ocupados por políticos quanto os espaços por eles cobiçados. Era o mapa da mina. Temer sabia exatamente a quem buscar e quais benesses oferecer. Como a queda da presidente da República parecia ser apenas questão de tempo, as promessas do vice naturalmente se tornaram mais atraentes do que as de Lula – sem contar que pesava, e muito, a fama de Dilma não ser cumpridora dos acordos selados com o Congresso Nacional. Assim, as filas de políticos na porta do Jaburu foram bem mais extensas do que as filas na recepção do cinco estrelas.

O primeiro sinal de que Lula não seria capaz de derrubar o impeachment veio poucos dias depois de ele armar seu gabinete improvisado em Brasília. Ainda em março de 2016, o presidente da Câmara, Eduardo Cunha, resolveu aferir quão débil Dilma se encontrava nesse momento. O deputado desenterrou uma proposta de emenda à Constituição elaborada pelo PSDB que forçaria o governo, que já estava na bancarrota, a aumentar ano a ano a fatia da arrecadação federal que ia obrigatoriamente para a saúde pública, partindo dos 13% vigentes naquele momento até chegar a 19,4% em 2023. Na votação no plenário da Câmara, Dilma e Lula perderam por WO. Foram 402 votos a favor do projeto-bomba e um mísero voto contrário. Nem sequer os deputados do PT votaram de acordo com a orientação de Dilma. A proposta não foi submetida à segunda votação no plenário da Câmara nem remetida para o Senado. A ideia de Cunha era apenas verificar o tamanho da instável base governista às vésperas do impeachment. Confirmou o que já imaginava: àquela altura, muitos dos antigos apoiadores de Dilma Rousseff no Congresso Nacional já haviam debandado em massa para o lado de Michel Temer. O impeachment passaria – e com folga.

> *O príncipe que tiver exércitos mercenários jamais estará firme e seguro, pois os soldados são desunidos, ambiciosos, sem disciplina, infiéis, valentes com os amigos e covardes com os inimigos, não temem a Deus nem são confiáveis aos homens e retardam tanto a ruína quanto o ataque. Na paz, o príncipe é espoliado por eles. Na guerra, é espoliado pelos inimigos. A causa disso é que os soldados mercenários não têm lealdade nem qualquer outra razão para manter-se no campo de luta a não ser um pequeno pagamento, que não é suficiente para fazê-los morrer pelo príncipe. Eles querem muito ser teus soldados enquanto não fazes a guerra, mas fugirão ou irão embora quando ela vier.*
>
> (*O Príncipe*, cap. 12)

No início do século XVI, os pequenos Estados que mais tarde dariam origem à Itália não dispunham de forças armadas próprias. A Florença de Maquiavel, por exemplo, era uma terra de mercadores que dedicavam sua energia ao comércio, e não à guerra. Diante dos inimigos externos, para atacar ou se defender, os territórios italianos precisavam contratar exércitos mercenários. Para os generais que terceirizavam seus serviços pela Europa afora, tratava-se de um negócio próspero, pois o continente vivia em conflito. Para os príncipes, por outro lado, o negócio não era tão bom assim. Na avaliação de Maquiavel, uma das causas da ruína dos Estados italianos foi o fato de dependerem de exércitos mercenários. Segundo ele, os príncipes precisam dispor de soldados próprios, que lutam por amor à pátria. É um erro colocar o futuro do Estado nas mãos de soldados que são movidos a sacos de moedas. Quando a guerra recrudesce, eles tratam de tirar proveito da situação: ou arrancam do príncipe um pagamento mais alto para permanecer na batalha, ou debandam para o lado do adversário em troca de um saco mais pesado de moedas. Não é raro que aconteçam as duas coisas. Para garantir a segurança de sua república e dispensar os mercenários, o próprio Maquiavel recrutou e comandou uma milícia de camponeses florentinos.

Na primeira campanha presidencial, em 2010, Dilma Rousseff sabia que nunca chegaria ao poder se fosse à luta apenas com seu exército próprio, isto é, o PT. Não havia alternativa a não ser contratar os exércitos que estavam à disposição. Esse, aliás, é o fundamento do presidencialismo de coalizão. Dilma contratou tropas da esquerda, como o PCdoB e o PDT, do centro, como o PMDB e o PSD, e da direita, como o PP e o PR. Havia um porém: a afinidade ideológica de Dilma e do PT com a maior parte dessas tropas terceirizadas era mínima ou até mesmo nula. Mas naquele momento a única coisa que interessava era vencer a guerra. No governo Dilma 1, os exércitos mercenários até que combateram com algum empenho. No governo Dilma 2, a coisa desandou. A situação se complicou, em linhas gerais, porque a presidente não vinha pagando todos os sacos de moedas que haviam sido acordados. No primeiro momento, tal qual o alerta de Maquiavel, os soldados contratados passaram a exigir cada vez mais moedas para permanecer na trincheira governista. Foi justamente o que ocorreu em outubro de 2015, quando o PMDB conseguiu arrancar o sétimo ministério de Dilma Rousseff, passando a dispor de praticamente a mesma força do PT dentro do governo. Ainda assim, o partido aliado não se deu por satisfeito. Em março de 2016, às vésperas de o PMDB romper oficialmente com o governo, Dilma tentou, em vão, segurar o partido entregando a Secretaria de Aviação Civil ao deputado Mauro Lopes (PMDB-MG). A presidente estava refém dos soldados do PMDB. E esse não foi o único efeito indesejado. Quanto mais ela cedia, mais irritados ficavam os demais exércitos de mercenários e inclusive seu próprio exército diante do tratamento exageradamente privilegiado dispensado ao PMDB. No segundo momento, os soldados terceirizados não hesitaram em aderir ao grupo de Michel Temer, que acenava com recompensas bem maiores. Como o exército próprio tinha menos soldados do que os exércitos mercenários, Dilma

Rousseff se viu praticamente sozinha quando o momento mais violento da guerra chegou.

O governo Dilma 2 marchava para o fim de uma maneira desonrosa. Desde a posse-queda de Lula, em março de 2016, até o afastamento temporário da presidente, em maio, Dilma Rousseff tropeçaria nas próprias pernas todos os dias. Em março, a operação Lava Jato produziu uma nova crise no governo. Um assessor do ex-líder do governo no Senado Delcídio do Amaral (PT-MS) gravou uma conversa em que se entendia que Aloizio Mercadante, agora ministro da Educação, estava oferecendo ao senador uma série de benefícios, como bons advogados e influência no Supremo Tribunal Federal.[74] Delcídio estava preso. Em troca dos benefícios supostamente apresentados pelo ministro, o senador não abriria a boca contra o governo do PT quando fosse interrogado sobre o esquema de corrupção na Petrobras. Mercadante negou que a conversa tivesse o intuito de atrapalhar as investigações e proteger o governo e jurou que sua intenção era apenas prestar solidariedade ao colega de partido encarcerado. Por pouco o ministro petista não caiu. Logo em seguida, no mesmo mês, uma figura de peso do PMDB pulou fora do governo. Henrique Eduardo Alves, que fora um colaborador decisivo do governo Dilma 1 como presidente da Câmara dos Deputados, renunciou ao Ministério do Turismo, deixando a ala governista do PMDB cada vez mais mirrada. O partido havia começado a desertar dois dias após Eduardo Cunha aceitar a denúncia de impeachment na Câmara, em dezembro de 2015, com a renúncia de Eliseu Padilha, ministro da Aviação Civil e braço direito de Temer. Enquanto o governo agonizava, o vice Michel Temer ia tranquilamente escolhendo os ministros que comporiam seu governo. Henrique Meirelles, o ex-presidente do Banco Central que Lula tanto desejava no governo Dilma, aceitou o convite para assumir o Ministério da Fazenda. Confiante, Temer já não dizia mais "se a presidente for afastada", mas sim "quando a presidente for afastada".

O pedido de impeachment que Eduardo Cunha aceitara em dezembro de 2015 começou a tramitar em março de 2016, depois que todas as dúvidas sobre o ritual do processo foram esclarecidas pelo Supremo Tribunal Federal. O julgamento da presidente Dilma Rousseff seria feito pelos senadores, em três votações no plenário. Aos deputados caberia a missão inicial de decidir se havia indícios de crime de responsabilidade para que o processo fosse enviado para os senadores. Na Câmara, o escolhido para ser o relator do processo foi o deputado Jovair Arantes (PTB-GO). Dilma se inquietou. É certo que o PTB detinha uma repartição importante do governo, o Ministério do Desenvolvimento, Indústria e Comércio Exterior. Além disso, o próprio Jovair era inquilino de um espaço nobre da máquina pública federal. Postos de direção na Companhia Nacional de Abastecimento (Conab) e no Instituto Nacional de Metrologia, Qualidade e Tecnologia (Inmetro) eram ocupados por apaniguados dele.[75] Apesar de oficialmente pertencer à base aliada, Jovair era aliado de Eduardo Cunha. O deputado do PTB, claro, escreveu um relatório favorável ao impeachment.

 Lula, o ministro virtual, esmerou-se no corpo a corpo com os deputados, mas os partidos da coalizão presidencial já estavam decididos a abandonar Dilma. As deserções começaram pelo PRB e pelo PMDB. O efeito manada logo arrastou o PP, o PR e o PSD. O ex-presidente viu que já não adiantava tratar com os líderes das bancadas. O jeito seria fazer as negociações no varejo, caçando deputados avulsos dispostos a peitar a orientação partidária e votar contra o impeachment no plenário. Lula comemorava cada mísero parlamentar aparentemente convencido. O problema é que os deputados cortejados logo em seguida corriam com a proposta para o vice-presidente, que dava um jeito de cobrir cada oferta do ex-presidente. Dois dias antes da votação no plenário da Câmara, Gilberto Kassab, presidente do PSD e ministro das Cidades, pediu demissão do governo. Sem ressentimento e de bom grado, Temer acolheu em suas fileiras o político que um ano antes tentara implodir o PMDB com os planos de criação do PL.

 Os deputados tradicionalmente só apareciam na Câmara entre a terça e a quinta-feira, mas era tanta a pressa para se livrar da presidente Dilma Rousseff que eles, sem pestanejar, toparam fazer hora extra e votar o impeachment em 17 de abril, um domingo. Dos 513 parlamentares, 511 se apresentaram. Os únicos ausentes tinham ordens médicas de não viajar para a capital federal – Clarissa Garotinho (PR-RJ) estava no oitavo mês de gravidez e Aníbal Gomes (PMDB-CE) se recuperava de uma cirurgia na coluna. O plenário da Câmara só ficava tão lotado como naquele domingo nos dias em que os deputados tomavam posse. A votação foi presidida com muita satisfação por Eduardo Cunha, o arquirrival de Dilma Rousseff, e se transformou num alegre baile de carnaval. Em clima de êxtase, houve palmas, vaias, assobios, cantorias e confetes. Muitos deputados levavam a bandeira do Brasil sobre os ombros, como se fosse capa de super-herói. Outros carregavam cartazes com os dizeres "Tchau, querida", em referência ao telefonema grampeado entre Dilma e Lula. Cada deputado revelou seu voto ao microfone, com direito a uma brevíssima argumentação. Quase ninguém se lembrou de mencionar as acusações de manipulação do orçamento federal, que eram a base do pedido de impeachment. Os deputados evocaram a Deus, homenagearam esposas, filhos e netos, chamaram Cunha de gângster e até elogiaram torturadores da ditadura militar. Muitos falaram aos berros. O plenário caiu na gargalhada quando o deputado Tiririca (PR-SP), palhaço profissional, anunciou com ar solene que votava pelo impedimento de Dilma. O deputado pró-impeachment Jair Bolsonaro (PSC-RJ) xingou o colega anti-impeachment Jean Wyllys (Psol-RJ), que revidou com uma cusparada na cara do desafeto. Antes de votar "sim", Cunha rogou: "Que Deus tenha misericórdia desta nação".

Dilma assistiu à votação pela TV, no Palácio da Alvorada, acompanhada de Lula. No meio de todo esse carnaval, o que mais mexeu com ela foram os três deputados que haviam sido seus ministros e que votaram a favor do impeachment: Alfredo Nascimento (PR-AM), ex-ministro dos Transportes; Aguinaldo Ribeiro (PP-PB), ex-ministro das Cidades; e Mauro Lopes (PMDB-MG), ministro da Aviação Civil até três dias antes. A presidente havia exonerado Lopes apenas para que ele reassumisse o mandato de deputado e votasse contra o impeachment, para logo reintegrá-lo ao governo. Para espanto geral, ele apunhalou a presidente pelas costas ao vivo, pela TV, diante de todo o Brasil: "Prezado presidente Eduardo Cunha, ocupei o cargo de ministro de Estado do atual governo e guardarei a gratidão comigo, mas, honrando o nosso PMDB e pensando na minha família, eu voto 'sim'". Depois desse voto, claro, ele não voltou para o ministério. A presidente também ficou arrasada com o comportamento do ministro de Minas e Energia, Eduardo Braga, outro peemedebista. Ele era senador licenciado do Amazonas, mas negou-se a usar sua influência sobre a bancada do estado. Todos os oito deputados amazonenses votaram contra Dilma. Passadas seis horas de votação, a Câmara derrotou a presidente com um placar folgado. O envio do processo de impeachment para o Senado foi aprovado por 367 votos a 137, com sete abstenções. Para Dilma se salvar, os votos favoráveis ao impedimento precisariam ter ficado abaixo de 342 (dois terços do plenário). Da outrora inchada base governista, as únicas bancadas que se conservaram integralmente fiéis foram a do PT e a do PCdoB. As outras oito bancadas registraram índices de defecção altíssimos. Nas ruas, Dilma também perdeu. Em São Paulo, 250 mil pessoas foram naquele domingo à Avenida Paulista exigir o impeachment, enquanto 42 mil se reuniram no Vale do Anhangabaú para defender o governo. A presidente chegava ao final daquele exaustivo domingo abandonada.

Mas de que forma Dilma Rousseff conseguiria prescindir dos exércitos de mercenários, conforme prescrevia o código maquiavélico de conduta política? Àquela altura, de fato, seria impossível. A presidente precisaria ter agido bem antes, no começo do governo Dilma 1, quando ainda tinha prestígio para dar e vender, e patrocinado no Congresso Nacional a aprovação de uma mudança na Constituição que enxugasse a quantidade de exércitos de mercenários no mercado. Em 2015, o Brasil abrigava uma profusão de 35 partidos, dos quais 28 tinham representação no Congresso Nacional, e a Justiça Eleitoral ainda estudava os pedidos de criação de outros tantos. É óbvio que não havia no país 35 correntes ideológicas diferentes. Uma parte considerável desses partidos só fora fundada de olho nas benesses às quais automaticamente passariam a ter direito, como as verbas do Fundo Partidário e o tempo da propaganda no rádio e na TV. O dinheiro enviado mensalmente pelo governo poderia ser desviado para fins pessoais, e o tempo nos meios de comunicação poderia ser vendido clandestinamente a partidos maiores, com a formação de coligações fajutas, sem afinidade ideológica, só para as eleições. Com as leis incentivando a proliferação de partidos, a tendência era que o sistema continuasse se fragmentando indefinidamente. Esse cenário multipartidário não chegava a impedir a formação de maiorias no Congresso Nacional, mas as maiorias que os governos formavam passavam a ser cada vez mais instáveis. Dilma deveria ter apostado numa reforma político-eleitoral que, por exemplo, criasse uma cláusula de barreira para acabar com os partidos de aluguel. Vários projetos de lei esquecidos no Congresso Nacional previam isso. A barreira seria o tamanho da bancada na Câmara dos Deputados. Só fariam jus ao dinheiro público e ao tempo de rádio e TV os partidos que elegessem um número mínimo de deputados federais. Com a nova regra, automaticamente os políticos esvaziariam os partidos nanicos e se instalariam nos maiores. Um número pequeno de agremiações sobreviveria, cada uma com sua bandeira ideológica definida, o que tornaria mais fácil o alinhamento ou não com o governo. Os pactos por afinidade se tornariam mais frequentes do que os pactos por conveniência, e as coligações eleitorais e coalizões presidenciais ficariam mais sólidas. Supondo que a cláusula de barreira levasse à existência de apenas nove partidos, poderiam ser vislumbrados três de esquerda, três de direita e três de centro. Dilma ganharia com facilidade o apoio daqueles de esquerda e negociaria com os de centro. Ainda que ao longo do mandato fosse abandonada por um ou dois exércitos de mercenários, ela ainda conseguiria preservar uma base parlamentar grande o suficiente para aprovar seus projetos de lei e até mesmo derrubar os pedidos de impeachment. A presidente chegou a tentar. Ao ser empossada no Congresso Nacional para o segundo mandato, Dilma discursou: "É inadiável implantarmos práticas políticas mais modernas, éticas e, por isso mesmo, mais saudáveis. É isso que torna urgente e necessária a reforma política". Foram apenas palavras. Era o início do novo governo, mas Dilma já não tinha capital político nenhum. Os exércitos de mercenários lotados no Congresso Nacional se recusavam a aprovar uma lei que aniquilaria a si próprios.

A batalha final do impeachment se daria no Senado. Antes de tentar convencer os senadores de que era inocente e não havia cometido crime de responsabilidade, Dilma teria que juntar os cacos. Sucessivos desfalques na Esplanada dos Ministérios nos dias anteriores e posteriores à decisão da Câmara deixaram o governo capenga. Em questão de dias, ficaram sem titular os seguintes ministérios e secretarias: Portos, Minas e Energia, Cidades, Aviação Civil, Saúde, Ciência e Tecnologia, Esporte e Turismo. Duas dessas vacâncias antecipavam a dificuldade que Dilma enfrentaria no Senado. Logo após a Câmara aprovar o impeachment, deixaram a Esplanada o chefe do Ministério de Minas e Energia, Eduardo Braga, e o da Secretaria de Portos, Helder Barbalho, ambos do PMDB. O instinto de sobrevivência falou mais alto. Com o barco de Dilma afundando, eles pularam para a caravela de Temer. Essas deserções significavam dois votos a menos para Dilma no Senado: o do próprio Braga, que reassumiria o mandato de senador, e o de Jader Barbalho (PMDB-PA), que era pai de Helder. Um dos novos ministros que chegaram para tapar buraco em abril de 2016 deu trabalho para a presidente, da mesma forma que outros tantos haviam dado. Trata-se do petista Alessandro Teixeira, que permaneceria no comando do Ministério do Turismo por breves vinte dias. Mesmo não tendo feito nenhum trabalho fabuloso nesse curto tempo, Teixeira conseguiu a proeza de colocar o Ministério do Turismo nas manchetes dos jornais. Era algo que não acontecia desde 2007, quando Marta Suplicy, a então titular, soltou o infeliz "relaxa e goza" como conselho às pessoas que estavam presas nos aeroportos por causa do colapso do sistema de tráfego aéreo. Teixeira ganhou os holofotes porque Milena Santos, sua mulher, publicou na internet as imagens de um romântico ensaio fotográfico que os dois protagonizaram dentro do principal gabinete do Ministério do Turismo. Numa das fotos, ela aparecia dando uma bitoca no marido. Em outra, o ministro encarava a mulher com os olhos transbordantes de ternura. Mas o que realmente despertou a atenção do país foi a porção generosa dos seios e das coxas que o sumário vestido branco de Milena deixou à mostra. No texto que acompanhou as fotos, ela se apresentou como "primeira-dama do Ministério do Turismo do Brasil" e afirmou que "ao lado de um grande homem existe sempre uma linda e poderosa mulher". Os jornalistas logo trataram de escarafunchar o passado da "primeira-dama" e descobriram que ela vencera nos Estados Unidos o título de Miss Bumbum e posara para fotografias bem mais ousadas do que aquelas feitas no Ministério do Turismo.[76] Se fosse em outro momento, o comportamento inapropriado teria rendido a Teixeira um belo puxão de orelha ou, estando a presidente num mau dia, até mesmo a demissão. Contrariando todas as expectativas, Dilma Rousseff dessa vez não cuspiu fogo. Nem sequer se manifestou. Preferiu não perder tempo com miudezas. Ela estava mais preocupada com a lâmina da guilhotina que despencava em direção a seu pescoço. O ministro mal podia crer que escapara dos gritos furiosos da chefe.

Perto da primeira votação do impeachment no Senado, Dilma Rousseff fez mais duas tentativas desesperadas de salvar o mandato. No final de abril de 2016, ela participou de um encontro de chefes de Estado na sede da Organização das Nações Unidas (onu), em Nova York, sobre as mudanças climáticas. A presidente havia decidido que não viajaria, para se concentrar nas negociações com os senadores, mas mudou de ideia quando lhe avisaram que seria uma boa oportunidade de tentar ganhar aliados pelo mundo na batalha contra o impeachment. Da tribuna da onu, porém, ela foi sutil no discurso: "Não posso terminar minhas palavras sem mencionar o grave momento que vive o Brasil. A despeito disso, quero dizer que o Brasil é um grande país, com uma sociedade que soube vencer o autoritarismo e construir uma pujante democracia. Nosso povo é trabalhador e com grande apreço pela liberdade. Saberá, não tenho dúvidas, impedir quaisquer retrocessos. Sou grata a todos os líderes que expressaram a mim sua solidariedade". Em maio, no feriado do Dia do Trabalho, Dilma viajou a São Paulo, para participar de um comício organizado pela Central Única dos Trabalhadores (CUT) no Vale do Anhangabaú. Do alto do palanque, a presidente anunciou um pacote de bondades que incluía o aumento do valor mensal pago às famílias beneficiárias do Bolsa Família e a atualização da tabela do Imposto de Renda, de modo a aumentar a quantidade de pessoas isentas do tributo. Essas medidas estavam adormecidas no Palácio do Planalto havia tempos, por falta de dinheiro. A situação financeira permanecia péssima, mas Dilma as desengavetou mesmo assim. Era a primeira vez desde a reeleição, em 2014, que os brasileiros recebiam um afago do governo, e não uma bofetada. Dilma obedecia aos mandamentos 2 e 8 do receituário maquiavélico – "anuncia tu as boas notícias e incumbe os outros de anunciar as más" e "faz as maldades de uma só vez e as bondades a conta-gotas". Contudo, obedecia-lhes de forma totalmente extemporânea.

Já se imaginava que Eduardo Cunha cairia logo após cumprir a missão de dar corda no processo de impeachment, quando tanto o governo como a oposição deixariam de paparicá-lo e fazer vista grossa para as suspeitas e acusações da Operação Lava Jato que pesavam contra ele. A queda veio em maio de 2016, poucos dias depois da fatídica votação dominical. Mas não foi em decorrência do processo interno a que ele respondia no Conselho de Ética da Câmara dos Deputados, que, por causa da ação de seus aliados, continuava empacado. Ele foi suspenso da presidência da casa legislativa e do mandato por decisão do Supremo Tribunal Federal, que entendeu que o deputado usava seus poderes parlamentares para atrapalhar as investigações da Lava Jato. Cunha infernizara a vida de Dilma ao longo dos quinze meses antecedentes, mas a presidente da República não teve ânimo para sair festejando a derrubada do algoz. O processo de impeachment, afinal, já estava correndo e nada poderia mudar o que Cunha havia feito. Nada mesmo? Mais uma vez, a política brasileira conseguiu se superar no quesito surpresa. Três dias antes da primeira votação no plenário do Senado, o substituto provisório de Cunha na presidência da Câmara, Waldir Maranhão (PP-MA), um representante do baixo clero, provocou uma reviravolta no jogo político ao aceitar um recurso apresentado por Dilma e anular a sessão em que os deputados aprovaram o impeachment. Segundo Maranhão, os partidos não poderiam ter orientado o voto dos parlamentares. Aliás, ele mesmo ignorara a posição oficial do PP e votara a favor de Dilma.[77] O presidente interino da Câmara determinou que o plenário votasse tudo outra vez. Dilma soube da novidade quando anunciava no Palácio do Planalto mais uma bondade: a criação de cinco universidades federais. Ela não conseguiu disfarçar o êxtase. "Eu soube agora, da mesma forma que vocês souberam, apareceu nos celulares que todo mundo tem aqui, que o recurso foi aceito e que o processo está suspenso. Gente, eu não tenho essa informação oficial. Estou falando aqui porque eu não podia fingir que não estava sabendo da mesma coisa que vocês estão", discursou ela. A plateia, formada por professores e estudantes simpatizantes do governo, começou a bradar: "Não vai ter golpe! Vai ter luta!". Pela primeira vez depois de muito tempo, Dilma sorria em público. A sorte finalmente lhe dava um aceno. A felicidade durou pouco. O presidente do Senado, Renan Calheiros (PMDB-AL), chamou a decisão de Maranhão de "brincadeira com a democracia", avisou que não devolveria o processo para a Câmara e garantiu que os senadores votariam o pedido de impeachment na data marcada. Mais uma vez, Dilma sentiu o gosto amargo do abandono. Renan, o último aliado com poder para salvá-la, batia em retirada.

EPÍLOGO: A *virtù* e a *fortuna*

―◆◆―

Se na Câmara dos Deputados pelo menos no começo houve a esperança de que o relator do processo de impeachment pudesse ser favorável à presidente Dilma Rousseff por ele pertencer a um partido que no papel era governista, no Senado a escolha do parlamentar responsável por escrever o relatório foi um choque de realidade logo de cara. A missão coube a Antonio Anastasia (PSDB-MG), ferrenho senador oposicionista. Ele era unha e carne com Aécio Neves, o candidato derrotado por Dilma em 2014. Os dois eram senadores, tucanos e mineiros. Anastasia devia muito de seu sucesso político a Aécio, que em 2006 o adotou como vice na chapa que venceu a disputa para governar Minas Gerais. Em 2010, o governador Aécio renunciou para se candidatar ao Senado e deixou no lugar Anastasia, que completou o mandato e no mesmo ano ganhou a eleição para continuar no governo. Quando o processo de impeachment chegou ao Senado, além disso, o PSDB já havia formalizado seu apoio ao PMDB de Michel Temer. Nada mais natural que o relatório de Anastasia fosse desbragadamente condenatório. E foi. Em 12 de maio de 2016, pelo folgado placar de 55 a 22, os parlamentares concordaram com os argumentos contidos no relatório de Anastasia e aprovaram a abertura do processo de impeachment no Senado. Dilma Rousseff seria afastada provisoriamente do cargo para ser julgada. Poucas horas depois, numa cena melancólica, sob o sol quente do meio-dia, ela deixou o Palácio do Planalto pela porta da frente e cumprimentou os militantes anti-impeachment que a aguardavam na Praça dos Três Poderes. Atrás dela, entre os agora ex-ministros, sobressaía Luiz Inácio Lula da Silva, que compulsivamente enxugava com um lenço o suor que lhe escorria pelo rosto e pelo pescoço. Ele tinha o olhar perdido, desenganado, quase apático, como quem ainda não acreditava na desgraça que acabara de acontecer. Dilma, ao contrário, garantiu aos militantes que o jogo poderia ser virado. Afinal, ainda faltavam duas votações no plenário do Senado. "Nós vamos nos manter unidos e mobilizados", ela prometeu, num tom inflamado que pouco se via em seus discursos. "Somos aqueles que sabem lutar e resistir e que não desistem nunca." Era um otimismo incompatível com a realidade. Dilma passava à condição de presidente afastada. Temer ganhava todos os poderes e se tornava presidente interino.

Quando o Senado tomou a decisão, Temer já estava com sua equipe pronta. Dilma cuspiu marimbondos ao tomar conhecimento dos novos nomes. Dos ministros do governo provisório, oito haviam estado em algum momento ao lado dela. Seis ocupavam cargos importantes no governo Dilma 2 até pouco tempo antes e agora ganhavam a recompensa pela traição: Gilberto Kassab (ex-ministro das Cidades), que recebeu o Ministério da Ciência, Tecnologia e Comunicações; Eliseu Padilha (ex--ministro da Aviação Civil), que ficou com a Casa Civil; Moreira Franco (ex-ministro da Aviação Civil e ex-secretário de Assuntos Estratégicos), que assumiu o Programa de Parcerias de Investimentos; Henrique Eduardo Alves (ex-ministro do Turismo), que voltou para o Ministério de Turismo; Helder Barbalho (ex-ministro da Pesca e dos Portos), que passou a ocupar o Ministério da Integração Nacional; e Geddel Vieira Lima (ex-vice-presidente da Caixa), que assumiu a Secretaria de Governo. Os outros dois haviam sido prepostos de Dilma no Congresso: Leonardo Picciani (ex-líder do PMDB na Câmara), que ficou com o Ministério do Esporte; e Romero Jucá (ex-líder do governo no Senado), que recebeu o Ministério do Planejamento.

Michel Temer esperava ouvir aplausos pela nova Esplanada dos Ministérios. Afinal, o presidente interino fizera um esforço hercúleo para deixá-la o mais enxuta possível, de modo a mostrar-se mais preocupado do que Dilma com a economia de dinheiro público. Agora eram 23 ministérios ante os 32 que a petista mantinha no momento em que foi afastada. Além disso, Temer conseguira convencer Henrique Meirelles a assumir o Ministério da Fazenda. Ele seria a grande estrela do novo governo. Graças à elogiada atuação como presidente do Banco Central nos dois governos Lula, Meirelles era tido como o nome mais gabaritado para tirar o país da recessão e levá-lo de novo rumo ao crescimento econômico. As vaias, porém, acabaram sendo mais ruidosas do que os aplausos. A primeira pedrada que Temer recebeu foi por causa do perfil geral de sua nova equipe. Os ministros eram todos homens e brancos. Não havia mulheres nem negros. Os aliados de Dilma reprovaram dizendo que o Brasil retrocedia aos anos da República Velha. A segunda crítica foi à extinção do Ministério da Cultura, rebaixado a um mero apêndice do Ministério da Educação. Depois de 31 anos, a sigla MEC voltava a significar Ministério da Educação e Cultura. Artistas do quilate de Sonia Braga e Caetano Veloso puseram a boca no trombone, acusando o vice de golpista, e militantes de esquerda invadiram prédios do ministério recém-extinto em diversas capitais exigindo que o presidente interino voltasse atrás. Nessas invasões, as palavras de ordem "Fora, Temer!" se popularizaram e passaram a ser repetidas em todo o Brasil. Encurralado num momento crítico, em que se esforçava para provar que sua permanência era mais benéfica para o país do que a volta de Dilma, Temer acabou dando o braço a torcer, e a Cultura recobrou o status de ministério.

Enquanto o processo de impeachment corria no Senado, o governo de Michel Temer continuou derrapando. Houve pequenos deslizes, como a adoção de um logotipo que apresentava uma bandeira do Brasil ultrapassada, com 22 estrelas na esfera azul em vez de 27. Era a bandeira da época em que o presidente João Goulart foi deposto pelos militares. Houve deslizes médios, como ministros soltando declarações infelizes. O chefe da Saúde, Ricardo Barros, afirmou que o Sistema Único de Saúde (SUS) era generoso demais em comparação com o dinheiro disponível e precisava ser reduzido.[78] O titular da Justiça, Alexandre de Moraes, criticou o Ministério Público, integrante da equipe da Operação Lava Jato, por agir como se tivesse poderes absolutos e sugeriu que o presidente da República deixasse de escolher obrigatoriamente o primeiro nome da lista tríplice elaborada pela instituição para o posto de procurador-geral da República.[79] Rodrigo Janot, o titular da Procuradoria, vinha causando grandes embaraços ao PMDB de Temer. Janot chegou a pedir a prisão de alguns dos maiores caciques do partido, incluindo José Sarney, Renan Calheiros e Eduardo Cunha.[80] E também houve deslizes gigantescos, que levaram à queda de três ministros nos primeiros 35 dias do governo interino, todas motivadas pela Lava Jato. O primeiro a cair foi o ministro do Planejamento, Romero Jucá, que, numa conversa telefônica gravada sem seu conhecimento, sugeriu que só a queda de Dilma Rousseff, que nada fazia para deter os investigadores, poderia salvar os políticos do PMDB das garras da Lava Jato. "Tem que mudar o governo para poder estancar essa sangria", disse ele.[81] O segundo foi o titular do Ministério da Transparência, Fiscalização e Controle, Fabiano Silveira, gravado numa reunião atacando a Lava Jato e dando conselhos ao presidente do Senado, Renan Calheiros, sobre como se comportar diante dos investigadores. O ministério dele era justamente o que combatia a corrupção.[82] O terceiro ministro a cair foi o do Turismo, Henrique Eduardo Alves, acusado por um delator de ser beneficiário de dinheiro desviado da Petrobras.[83]

Era como se Michel Temer insistisse em lançar involuntariamente a bola várias vezes para Dilma Rousseff, do time adversário, que estava bem na boca do gol. A presidente afastada, entretanto, conseguiu desperdiçar todos os passes. Parece que faltou ânimo para cumprir a promessa feita diante do Palácio do Planalto de que lutaria, resistiria e não desistiria nunca. Em vez de cair na estrada inflamando o Brasil contra Temer e o impeachment, ela se entocou no Palácio da Alvorada, onde passou a maior parte do tempo concedendo monótonas entrevistas a jornalistas, gravando vídeos amadores para a internet com críticas a Temer e discutindo com o ex-ministro José Eduardo Cardozo o conteúdo de sua defesa no Senado. Ela chegou a subir em alguns palanques, mas nunca para multidões. Os poucos discursos que fez em público foram para grupos que já estavam a seu favor, como feministas e agricultores familiares. Para quem precisava lutar com unhas e dentes para não perder o poder, eram contra-ataques tímidos demais. Se fosse Lula o presidente ameaçado, ele certamente teria atravessado o país numa campanha exaustiva contra o impeachment e congregado milhares de pessoas em comícios incendiários. Em suas falas, a presidente afastada batia sempre na mesma tecla: que se tratava de um golpe de Estado, que o presidente interino era ilegítimo, que um processo deflagrado por Eduardo Cunha era naturalmente viciado, que os neoliberais buscavam enterrar a política de proteção da indústria nacional e que as elites queriam acabar com os avanços sociais trazidos pelos governos do PT. O marqueteiro das duas campanhas eleitorais de Dilma, João Santana, estava na prisão, abatido pela Operação Lava Jato, e por isso não tinha como bolar uma estratégia mais convincente de mobilização nacional para socorrer a cliente. Incomodado com os protestos da ex-aliada, Temer lhe proibiu o acesso aos aviões da Força Aérea Brasileira (FAB), dificultando os deslocamentos da presidente pelo Brasil. A militância de esquerda organizou uma vaquinha na internet, que arrecadou fundos suficientes para garantir as viagens aéreas. O ex-senador do PT Eduardo Suplicy só conseguiu ser recebido por Dilma quando ela já não mandava no país, em junho. Apesar de ter tentado a audiência por três anos, ele não demonstrou mágoa. O aliado até então ignorado saiu feliz da vida do encontro no Alvorada, prometendo que convenceria os ex-colegas do Senado a rejeitar o impeachment. Por mais que se esforçassem para noticiar as movimentações da presidente afastada, os jornais passavam dias e dias sem conseguir publicar nem uma linha sequer sobre ela. Simplesmente não havia notícia. No melhor dos casos, publicavam fotografias dos passeios matinais de bicicleta nos arredores do Alvorada, nas quais ela só não aparecia inteiramente solitária porque sempre havia algum guarda-costas atrás. As investidas para conquistar o coração dos senadores, que eram os juízes do processo de impeachment, foram igualmente desanimadas. A presidente chamou as bancadas do Senado para reuniões no Alvorada, mas só alguns gatos pingados se deram ao trabalho de aparecer. Nem mesmo a presença de Lula serviu de chamariz. Em 10 de agosto de 2016, o plenário do Senado se reuniu para fazer a segunda das três votações. Por 59 votos a 21, os senadores decidiram dar continuidade ao processo de impeachment.

Poucos dias antes do julgamento final, a presidente afastada enviou aos senadores uma carta pública, na esperança de sensibilizá-los. O único argumento novo era que ela, caso lhe devolvessem o poder, proporia um plebiscito para que a população decidisse antecipar ou não a eleição presidencial de 2018. No caso de a ideia vingar, Dilma Rousseff teria seu mandato abreviado de quatro para dois anos. Ela tinha dois objetivos principais: ser inocentada no processo de impeachment, o que manteria limpa sua biografia, e tirar a faixa presidencial de Michel Temer. A presidente esperava o apoio do PSDB à proposta de eleições antecipadas, pois Aécio Neves acreditava que, depois de ter ficado em segundo lugar no pleito de 2014, dessa vez conseguiria chegar em primeiro. Os assessores de Dilma haviam sugerido essa mesma proposta à chefe meses antes, assim que ficou claro que os deputados aprovariam o processo de impeachment, mas ela a rechaçara de cara. Só foi mudar de opinião quando já era tarde. Os senadores, Aécio entre eles, não se animaram com a ideia do plebiscito. Àquela altura, em agosto de 2016, o governo de Temer já havia se solidificado por completo. Quase todo o arco partidário que havia sustentado o PT agora se encontrava muito satisfeito na base do PMDB, ocupando os postos-chave do governo e recebendo as verbas correspondentes. Os senadores e seus respectivos partidos não tinham motivo para voltar aos turbulentos tempos do governo Dilma. A presidente afastada convocou a imprensa para uma entrevista coletiva em que leu a carta endereçada aos senadores. Ela já estava tão desacreditada que muitos dos repórteres, fotógrafos e cinegrafistas que foram ao Palácio da Alvorada assistir à leitura do documento deram pouca atenção ao que ela falava e acharam mais proveitoso concentrar-se em seus celulares e tablets, para acompanhar pela internet a partida de futebol feminino entre Brasil e Suécia, que disputavam a semifinal na Olimpíada do Rio de Janeiro (as brasileiras foram derrotadas na disputa de pênaltis).

Na antevéspera da terceira e derradeira votação, Dilma Rousseff foi ao plenário do Senado enfrentar seus acusadores. Num tom emotivo, ela apelou para duas traumáticas experiências pessoais: a prisão na época da ditadura militar e um câncer no sistema linfático. "Por duas vezes vi de perto a face da morte: quando fui torturada por dias seguidos, submetida a sevícias que nos fazem duvidar da humanidade e do próprio sentido da vida; e quando uma doença grave e extremamente dolorosa poderia ter abreviado minha existência. Hoje eu só temo a morte da democracia, pela qual muitos de nós aqui neste plenário lutamos com o melhor dos nossos esforços." Os argumentos não conseguiram sensibilizar os senadores. Em 31 de agosto de 2016, o plenário do Senado aprovou a destituição de Dilma. O placar foi ainda mais folgado do que os dois primeiros: 61 votos a 20. No curto período de 24 anos, a jovem democracia brasileira descartava o segundo presidente da República. Em 1992, Fernando Collor renunciou horas antes de os senadores darem o veredito, mas o julgamento continuou mesmo assim, e ele foi condenado pelo plenário. Senadores outrora integrantes do governo Dilma foram decisivos para a destituição: Edison Lobão (PMDB-MA), Eduardo Braga (PMDB-AM), Eduardo Lopes (PRB-RJ), Fernando Bezerra Coelho (PSB-PE), Garibaldi Alves Filho (PMDB-RN), Marta Suplicy (PMDB-SP) e Romero Jucá (PMDB-RR) – os seis primeiros foram ministros e o último, líder do governo no Senado. Até o presidente do Senado, Renan Calheiros (PMDB-AL), que não participara das duas primeiras votações, ajudou a derrubar a presidente. Se esses oito ex-aliados tivessem votado contra o impeachment, Dilma teria se salvado. Nessa hipótese, os votos favoráveis ao impeachment teriam passado de 61 para 53 – a destituição exigia o apoio de no mínimo 54 senadores. O governo do Distrito Federal chegou a erguer um muro de ferro repartindo a Esplanada dos Ministérios ao meio, para que os grupos favoráveis e os contrários ao impeachment não brigassem na rua enquanto a votação corria dentro do Senado. Foi uma precaução desnecessária. Como a destituição já era certa, os militantes nem se deram ao trabalho de ir às ruas da capital federal. Faltando dois anos e quatro meses para o término do mandato, Dilma prematuramente passava à condição de ex-presidente.

No livro *O Príncipe*, Nicolau Maquiavel argumenta que nem toda pessoa tem potencial para tornar-se um bom governante. Para chegar a tanto, o aspirante ao poder precisa ser dotado de uma série de atributos específicos, os quais o intelectual italiano chama de *virtù*. Ainda que soe pedante, é mais adequado manter a palavra original empregada por Maquiavel do que traduzi-la como "virtude", o significado contemporâneo da antiga palavra italiana, pois a tradução pode levar ao equivocado entendimento de que se trata das honrosas qualidades da moral individual, que valem apenas para os súditos. É verdade que o príncipe armado de *virtù* dispõe, sim, de virtudes como bondade, temperança, prudência, previdência, flexibilidade e diplomacia. Mas elas são insuficientes. Ele precisa também ter brutalidade, autoridade, ambição, ousadia, dissimulação e agressividade – atributos da moral do poder que a moral individual reprova e classifica como vícios. O príncipe com *virtù* consegue lançar mão de cada um desses vícios e virtudes conforme a exigência da situação. Em certos momentos de ameaça ao trono, ele só terá sucesso se agir com cautela, recolher as armas e recorrer à gentil diplomacia. Em outros momentos, se for impetuoso, corajoso e partir com fúria para o ataque. A *virtù* dá ao governante a rara habilidade de enxergar todo o tabuleiro da política e saber exatamente o tipo de ação que o momento requer. A *virtù*, no entanto, não basta para fazer um grande príncipe. De acordo com Maquiavel, os ventos do acaso também precisam soprar a favor do aspirante ao poder. Os desígnios imprevisíveis e inexplicáveis do destino aparecem em seu manual de conduta política com o nome de *fortuna*. Os tradutores normalmente recorrem ao vocábulo "sorte".

> *Dos que se tornaram príncipes pela própria habilidade, digo que os melhores foram Moisés, Ciro, Rômulo, Teseu e outros semelhantes. Examinando-lhes as ações e a vida, não se percebe que tivessem recebido da sorte senão a oportunidade, a qual lhes pareceu conveniente. Sem essa oportunidade, sua força de ânimo se extinguiria. Sem essa força, a ocasião teria sido em vão.*
>
> (*O Príncipe*, cap. 6)

Moisés, Ciro, Rômulo, Teseu e "outros semelhantes" viveram o melhor dos mundos: foram agraciados com a *virtù* e a *fortuna* simultaneamente. Essa feliz coincidência, porém, nem sempre se apresenta. Por vezes a *virtù* e a *fortuna* caminham com passos desencontrados. Existem pessoas dotadas da mais completa *virtù*, com todas as habilidades esperadas de um grande governante, que só não conseguem conquistar a coroa porque a conjunção astral teima em não acontecer. E também existem aquelas pessoas que, embora carentes da *virtù* e totalmente despreparadas para o mundo brutal do poder, acabam ganhando o trono exclusivamente graças aos caprichos da *fortuna*, sem nenhum mérito próprio, quase sem querer. Dilma Rousseff se encaixa neste último grupo. Ela estava no lugar certo e na hora certa. Na segunda metade da década de 2000, o presidente Luiz Inácio Lula da Silva cumpria o segundo mandato no Palácio do Planalto e estava impedido por lei de tentar uma nova reeleição. Ele, claro, não queria que o bastão caísse em mãos adversárias e buscou dentro do PT um nome que pudesse sucedê-lo. Desejava alguém que lhe guardasse o lugar por um ou dois mandatos e permitisse sua volta ao poder em 2015 ou 2019. Mas não havia políticos de peso no partido. O presidente sempre fora a única estrela de grandeza nacional no PT e o candidato da sigla em todas as cinco primeiras eleições presidenciais diretas do período pós-ditadura militar. E não por acaso. Ele nunca permitira que nenhum correligionário crescesse a ponto de tornar-se seu rival. Depois de muito buscar, quem ele encontrou foi Dilma, uma de suas ministras. Ela estava a seu lado desde o começo do governo Lula 1: no início, como ministra de Minas e Energia; no final, como ministra da Casa Civil, promovida após a queda do todo-poderoso José Dirceu, abatido pelo escândalo do mensalão. O presidente viu tanto as qualidades de sua subordinada quanto os defeitos. Entre as qualidades, Lula admirava a disciplina quase militar. Dilma era uma burocrata que trabalhava incansavelmente, amava planilhas e gráficos, passava a lupa sobre cada mínimo detalhe, impunha prazos e exigia que fossem cumpridos. Ela fazia questão de que todos ao redor andassem na linha – inclusive aqueles que não lhe deviam obediência. Nas reuniões no Palácio do Planalto, não era raro que fulminasse seus colegas ministros com grosserias do tipo "cala a boca".[84] Essa rispidez causava uma pontinha de inveja no presidente. Ao contrário dela, Lula, com seu jeito diplomático e boa-praça, sempre tivera dificuldade para dizer "não" aos amigos – e não eram poucos os amigos que ele abrigava no governo. É provável que Lula tenha confundido a aspereza e a intolerância de Dilma com competência. O presidente, além disso, tinha a certeza de que ela era absolutamente honesta. Ciente da implicância que os jornais tinham com o PT, ele já previa que os repórteres escarafunchariam o passado dela em busca de algum passo fora da lei assim que se anunciasse a candidatura à Presidência da República. De fato, os jornalistas investigativos não conseguiram descobrir nada desabonador.

Quanto aos defeitos, Lula também os encontrou em Dilma. Todos, porém, mostraram-se convenientes ao presidente e a seu plano de voltar para o Palácio do Planalto. Um deles era a inexperiência política. Como nunca disputara nenhum cargo eletivo antes de concorrer à Presidência da República em 2010, ela jamais aprendera a malícia maquiavélica necessária para sobreviver e triunfar no mundo cru da *Realpolitik*. O envolvimento dela com a política se deu motivado pelo idealismo. No final dos anos 1960, a jovem Dilma militou em Minas Gerais em movimentos guerrilheiros de inspiração cubana que buscavam derrubar a ditadura militar. Foi presa e torturada. No início dos anos 1980, próxima do ex-governador gaúcho Leonel Brizola, ajudou a fundar o PDT no Rio Grande do Sul. Em Porto Alegre, no decorrer de duas décadas, ela foi assessora da bancada do PDT na Assembleia Legislativa, secretária municipal da Fazenda, diretora-geral da Câmara Municipal e secretária estadual de Energia, Minas e Comunicação. Em 2000, trocou o PDT pelo PT e caiu nas graças de Luiz Inácio Lula da Silva, que estava prestes a tornar-se presidente da República. Sua prática, portanto, limitava-se a cargos que, embora dependessem de indicação política, eram de natureza técnica, burocrática. Por não saber exatamente como atuar no mundo do poder, ela acabaria tendo que depender da experiência do padrinho político. O presidente acreditava que poderia teleguiá-la no Palácio do Planalto. Foi por isso que a imprensa criou o apelido "poste do Lula". Outro defeito que o presidente levou em consideração foi a obediência cega. Tanto no Ministério de Minas e Energia como na Casa Civil, Dilma jamais se negara a cumprir uma ordem dada pelo chefe. Lula acreditava que ela era a pessoa perfeita para esquentar a cadeira presidencial enquanto ele cumpria a quarentena legal. Em 2007, ainda longe do ano eleitoral de 2010, o presidente bateu o martelo: Dilma Rousseff seria sua sucessora. No ano seguinte, ele a puxou para o palanque, chamando-a de "mãe do PAC" e dando-lhe suas bênçãos diante de todo o eleitorado. Dilma se tornava candidata, com direito a um cabo eleitoral de luxo. No início, a maioria dos brasileiros não tinha nem ideia de quem era aquela figura carrancuda que insistia em aparecer colada a Lula como papagaio de pirata. Os menos informados acreditavam que se tratava da esposa do presidente. Tal qual o doutor Victor Frankenstein da história de terror de Mary Shelley, Lula teve sucesso na improvável missão de dar vida à sua criatura política. Ela rapidamente caiu no gosto dos brasileiros. Em 2010, a candidata de Lula venceu a eleição presidencial no segundo turno com 56% dos votos válidos. Da *fortuna*, Dilma recebeu o poder de bandeja. Lula, contudo, subestimou os inconvenientes de sua apadrinhada não ser dotada de *virtù*.

A *virtù* é um conjunto de habilidades políticas que vão sendo aprendidas ao longo dos anos, pela experiência, à custa dos êxitos e das quedas naturais da vida. À exceção dos militares, todos os presidentes do Brasil construíram sua carreira política tijolo a tijolo. Antes de chegar ao topo, foram prefeitos, governadores, deputados ou senadores. Acumularam bagagem tanto nas disputas eleitorais quanto no exercício do poder. Basta olhar o currículo dos presidentes do período pós-ditadura. José Sarney foi deputado federal, governador e senador. Fernando Collor, prefeito, deputado federal e governador. Itamar Franco, prefeito, senador e vice-presidente. Fernando Henrique Cardoso, senador. Luiz Inácio Lula da Silva, deputado federal. Para eles, figuras vividas, era óbvio que os inimigos deveriam ser divididos, que os poderosos não poderiam ser contrariados, que os problemas teriam que ser resolvidos sem atraso, que as bondades precisariam ser feitas a conta-gotas, que os castigos deveriam ser executados com violência etc. Pode ser que o conhecimento dos mandamentos maquiavélicos não lhes fosse assim tão evidente e sistematizado. Tome-se o caso de Lula. O ex-presidente dizia e repetia que não tinha paciência para ler livros.[85] É muito provável que jamais tenha folheado *O Príncipe*. Ele, entretanto, fora líder sindical, fundara um partido, fizera-o crescer, elegera-se deputado e ficara em segundo lugar em suas três primeiras disputas presidenciais. No decorrer dessa caminhada, foi construindo e solidificando sua *virtù*. Mesmo que de forma apenas intuitiva, Lula tinha a exata noção de como proceder no mundo da política e entendia que não deveria em hipótese nenhuma misturar a moral individual com a moral do poder, sob o risco de ser devorado pelos adversários.

O currículo de Dilma Rousseff, ao contrário, não tinha o item "mandatos eletivos". Não fora nem sequer vereadora. Vivenciara o poder, mas não as obscuras entranhas desse mundo. Antes de se eleger em 2010, não tivera que seduzir eleitores, fazer composição com partidos, negociar com legisladores, acarinhar aliados e aniquilar adversários. Não é de estranhar que tenha sido uma presidente tão inábil no trato com o Congresso Nacional.

Todos os demais presidentes do período democrático tiveram assento no Senado ou na Câmara dos Deputados e conheciam desde a vaidade que move os parlamentares até as regras do complexo jogo que se joga nos plenários, nas comissões, nos gabinetes, nos corredores e, principalmente, na Praça dos Três Poderes. Mesmo tendo frequentado os gabinetes políticos de Porto Alegre e Brasília, ela não havia assimilado que o mundo de um presidente da República é regido pela moral do poder, não pela moral individual. "Peço que façam justiça a uma presidenta honesta, que jamais cometeu qualquer ato ilegal na vida pessoal ou nas funções públicas que exerceu", disse ela no plenário do Senado antes de ser condenada, em sua lenta agonia em praça pública. Ela estava diante de parlamentares, e era inútil tentar convencê-los apelando para sua impoluta biografia. A honestidade é uma virtude absoluta apenas para os padrões da moral individual. Tratava-se de um tribunal político. É certo que o processo contra Dilma no Senado foi conduzido por um juiz – o ministro Ricardo Lewandowski, presidente do Supremo Tribunal Federal –, mas não com o objetivo de garantir um julgamento propriamente judicial. A presença do chefe do STF estava prevista na lei do impeachment, que era de 1950, porque nessa época o vice-presidente da República automaticamente ganhava como brinde a presidência do Senado. Sendo estranho que um vice conduzisse o julgamento de seu titular, a lei transferiu essa atribuição para as mãos do presidente do STF. Mesmo com a presença desse juiz, o processo de impeachment não deixou de ser político.

> *A dificuldade em conservar-se um principado totalmente novo sob a autoridade de um novo príncipe será maior ou menor de acordo com o caráter mais ou menos virtuoso [virtù] daquele que o conquistou. E, dado que esse evento da passagem de homem (num sentido privado) a príncipe pressupõe que ele possua méritos ou muita sorte, fica a impressão de que uma outra dessas duas condições pode, em parte, atenuar muitas das*

dificuldades. Todavia, o príncipe que depende menos da sorte e mais dos seus méritos mantém-se por mais tempo enquanto tal.

(*O Príncipe*, cap. 6)

Quando não dispõe simultaneamente de *virtù* e *fortuna*, diz Nicolau Maquiavel, é melhor que o príncipe conte com a primeira. É provável que ele terá mais sucesso do que aquele que dispuser apenas da segunda. Os cristãos medievais acreditavam que a *fortuna* era a vontade de Deus e que, como tal, não podia ser alterada, restando apenas a resignação. Maquiavel não é tão fatalista assim. Para ele, a força da *virtù* pode alterar os rumos ditados pela *fortuna*. Os infortúnios massacram apenas os fracos e mansos, aqueles que se deixam massacrar. Os que dispõem de *virtù*, por sua vez, sabem exatamente como agir para neutralizar os maus desígnios da *fortuna* ou pelo menos atenuá-los. Maquiavel compara a *fortuna* a um rio. Imaginem-se dois principados que são erguidos às margens desse rio numa época de águas serenas. Quando irrompe uma tempestade que o faz transbordar com violência, o príncipe que foi prudente e construiu diques manterá seus domínios sãos e salvos, ao passo que o príncipe que não foi precavido será surpreendido pela catástrofe e verá suas terras serem arrasadas. Dilma Rousseff foi como o príncipe imprevidente. Para chegar ao poder e governar, ela se apoiou exclusivamente na sorte e assim se conservou. Por falta de *virtù*, ela nem sequer cogitou a hipótese de que a *fortuna* poderia tomar outros rumos e não soube se antecipar às eventuais reviravoltas.

Sem *virtù* e já sem *fortuna*, a presidente Dilma Rousseff virou uma presa fácil para o deputado Eduardo Cunha e o vice-presidente Michel Temer, seus adversários. Bastava que algum dos vários pedidos de impeachment prosperasse. Não foi difícil, já que a lei do impeachment era tão genérica que qualquer mínima derrapada do mandatário poderia virar motivo formal para a destituição. O artigo 9º da Lei 1 079, por exemplo, diz que é passível de destituição o presidente que "proceder de modo incompatível com a dignidade, a honra e o decoro do cargo".

Nada poderia ser mais vago. No pedido que Cunha aceitou em dezembro de 2015, os três advogados signatários acusaram Dilma de ter cometido três crimes de responsabilidade. O primeiro foi modificar de forma irregular a lei do orçamento federal, assinando seis decretos de crédito suplementar sem a autorização do Congresso Nacional. O segundo foi tomar dinheiro emprestado de quatro cofres públicos – Banco do Brasil, Caixa Econômica Federal, Banco Nacional de Desenvolvimento Econômico e Social (BNDES) e Fundo de Garantia do Tempo de Serviço (FGTS) – para custear programas sociais, maquiando a falta de recursos públicos (as pedaladas fiscais). O terceiro foram os desvios na Petrobras. As denúncias eram tão frágeis que parte delas ruiu assim que passou por uma análise um pouco mais rigorosa. No final, o que derrubou a presidente foram somente três decretos de crédito suplementar (e não seis) e o uso indevido de dinheiro do Banco do Brasil (e não das outras três fontes). Dilma foi sentenciada pelos senadores à pena capital: o impeachment. Foi uma punição flagrantemente desproporcional para o tamanho do crime de responsabilidade cometido. A presidente teria recebido a mesma pena de destituição se tivesse tentado, por exemplo, "dissolver o Congresso Nacional" ou "mudar por violência a forma de governo da República" – outros crimes de responsabilidade, muito mais graves, previstos na lei do impeachment. Os senadores tinham ciência do exagero. Tanto que a pena imposta não foi tão implacável quanto poderia ter sido. Segundo a Constituição, ao ser condenada por crime de responsabilidade, Dilma perderia o mandato e, ao mesmo tempo, ficaria oito anos proibida de ocupar qualquer cargo no poder público. Os juízes políticos resolveram distorcer a lei e deram uma colher de chá para a presidente. Eles a destituíram, mas não lhe tiraram o direito de exercer funções públicas. A Constituição era clara e não permitia o fatiamento da pena. Foi quase um pedido de desculpas ou um prêmio de consolação por terem recorrido a uma acusação formal tão frágil para destituí-la. Os votos pela salvação da presidente diminuíam a cada etapa do processo. Na Câmara, 27% dos deputados votaram contra o impeachment. No Senado, os senadores favoráveis a Dilma somaram 28,5% na primeira votação, 26% na segunda e 24,5% na terceira e última. A maior parte dos antigos aliados calculou que, para sobreviver, deveria se livrar da presidente e colocar no lugar alguém que, assim como eles, jogasse conforme as regras tácitas do jogo do poder. Fosse em algum momento anterior da história nacional, com as instituições democráticas ainda não consolidadas, os políticos nem sequer teriam se dado ao trabalho de procurar algum deslize legal e abrir um processo formal de destituição. Teriam recorrido à brutalidade das Forças Armadas para golpear o mandatário debilitado pelos próprios erros – como o imperador dom Pedro II em 1889 e o presidente João Goulart em 1964.

Dilma Rousseff, não obstante, não estava irremediavelmente destinada ao fracasso. O príncipe que chega ao trono sem ter *virtù*, apenas com a mão amiga da *fortuna*, tem a chance de compensar a deficiência agarrando-se a um mestre que o oriente pelo caminho correto. Nicolau Maquiavel presenteou Lourenço II de Médici, o soberano da República de Florença, com o livro *O Príncipe* justamente por saber que ele estava longe de ser um gênio do poder – bem diferente de seu avô Lourenço, sugestivamente apelidado de "o Magnífico". Absorvendo os ensinamentos do detalhado manual da política, acreditava Maquiavel, Lourenço II conseguiria suprir a falta de tino para o poder e liderar a reconstrução do glorioso Império Romano. Dilma dispunha não apenas de seis exemplares de *O Príncipe* na biblioteca do Palácio do Planalto, mas também de um ex-príncipe maquiavélico de carne e osso à sua inteira disposição – Lula. O ex-presidente colecionava incontáveis sugestões, conselhos e orientações para sua pupila. Ele, mais do que ninguém, sabia que ela precisava ser guiada. Afinal de contas, fora quem pusera o "poste" na Presidência da República. Dilma, como se sabe, julgou que conseguiria ter vida própria no poder e deu seu grito de independência, emancipando-se do antecessor. Fernando Collor e Fernando Henrique Cardoso, ex-presidentes da República, também tentaram ajudar mostrando-lhe o caminho das pedras. Collor, que sofrera impeachment 24 anos antes, agora mudava de lado e, como senador, tornava-se juiz do impeachment. Da tribuna do Senado, antes da primeira das três votações, ele disse que Dilma desprezou sua experiência: "Nos raros momentos com a presidente, externei minhas preocupações, especialmente após sua reeleição, quando sugeri uma reconciliação de seu novo governo com seus eleitores e com a classe política. Alertei-a sobre a possibilidade de sofrer impeachment, mas não me escutaram. Coloquei-me à disposição, ouvidos de mercador. Desconsideraram minhas ponderações, relegaram minha experiência. A autossuficiência pairava sobre a razão". Dilma se comportou como Lourenço II. Maquiavel se decepcionou no exato instante em que lhe entregou os valiosos manuscritos de *O Príncipe*, em 1516. O soberano de Florença desprezou as folhas de papel, mas vibrou com uns cães de caça presenteados por outra pessoa na mesma ocasião. Embora tenha feito um governo sofrível, não se pode afirmar que Lourenço II fracassou por não seguir o manual maquiavélico. Não houve tempo para que isso ocorresse. Ele morreria apenas três anos depois.

É verdade que o Brasil de Dilma Rousseff não era a Florença de Nicolau Maquiavel. São duas realidades completamente diferentes. Na Europa da virada do século XV para o XVI, vigorava o absolutismo. A palavra final estava nas mãos de uma única pessoa, o soberano. Ainda não existia a democracia como se conhece hoje, com voto popular, vigilância da imprensa e freios legais para os abusos cometidos no poder. A divisão do poder em três ramos (executivo, legislativo e judiciário) só seria convincentemente fundamentada pelo Barão de Montesquieu no século XVIII. Os partidos políticos organizados nasceriam no século XIX. Na época do Renascimento, a grande preocupação dos governantes europeus eram os ataques estrangeiros e as insurreições populares. Mesmo com as tantas mudanças que o mundo e a política experimentaram ao longo de cinco séculos, os mandamentos maquiavélicos não ficaram datados, não viraram artigo de museu. É justamente o contrário: no âmago, eles se conservam assustadoramente atuais. Maquiavel poderia reeditar seu tratado do poder em pleno século XXI. Não seria *O Príncipe*, mas talvez *O Governante*, um título apropriadamente mais abrangente, indicado para reis, presidentes, primeiros-ministros, governadores, prefeitos, parlamentares e aspirantes a todos esses postos. Os mandamentos gerais continuariam sendo os mesmos. A diferença estaria apenas nos métodos específicos a serem adotados para cumprir as instruções maquiavélicas. Em vez de invadir palácios, semear rebeliões e assassinar, por exemplo, hoje é preciso angariar aliados, persuadir os eleitores e manipular a lei a seu próprio favor. O célebre lema "o fim justifica os meios" não pode mais ser levado ao pé da letra, uma vez que os códigos penais contemporâneos proíbem, felizmente, parte das estratégias concretas listadas em *O Príncipe*. O próprio Maquiavel toca na questão da atualidade perene de suas considerações. De acordo com ele, os homens mudam, mas não a natureza humana. Em todos os tempos e lugares, as pessoas sempre cuidam em primeiro lugar de seus próprios desejos e necessidades. São egoístas, interesseiras e más. Da mesma forma, a natureza do poder foi, continua sendo e será a mesma. Os príncipes terão sempre a missão de enfrentar golpistas e zelar pela segurança e pela prosperidade do reino. Maquiavel constata que, embora separados pelos séculos, os povos da Europa renascentista se portavam da mesma forma que os súditos do Império Romano, e os governantes exitosos da passagem do século XV para o XVI agiam tais quais os líderes persas ou gregos da Antiguidade. Se a essência dos príncipes e dos plebeus não muda com o passar do tempo, os mandamentos gerais do poder tampouco caducam. É por isso que o manual do pragmatismo político de Maquiavel – escrito na mesma época em que Pedro Álvares Cabral descobria a Terra de Vera Cruz – permanece pertinente e aplicável ao Brasil contemporâneo. O trágico destino político de Dilma Rousseff poderia ter sido diferente se *O Príncipe* tivesse caído em suas mãos.

No decorrer dos nove meses entre o deputado Eduardo Cunha aceitar o pedido de impeachment, em dezembro de 2015, e os senadores baterem o martelo pela condenação, em agosto de 2016, a presidente Dilma Rousseff repetiu à exaustão que fora reeleita graças ao voto de 54,5 milhões de brasileiros e que, por essa razão, a destituição seria uma profanação da vontade soberana do povo, um dos pilares da democracia. Poucas semanas depois de consumado o destronamento, entretanto, os próprios brasileiros deixaram claro que, assim como os políticos no Congresso Nacional haviam expressado, tampouco eles queriam que Dilma e seu grupo continuassem mandando no país. Estavam fartos do caos político, econômico e social semeado pela presidente. Nas eleições municipais de outubro de 2016, o PT levou a maior surra de sua história. Em 2012, o partido de Dilma havia emplacado 640 prefeitos. No ano do impeachment, o número despencou para 260. Nenhum outro partido perdeu tantas prefeituras. Das 27 capitais, o PT ficou apenas com Rio Branco. Na região do ABC paulista, berço do sindicalismo e do próprio partido, não conseguiu emplacar nenhum prefeito. Na cidade de São Paulo, os eleitores estavam tão decididos a negar a reeleição ao prefeito petista Fernando Haddad que escolheram o empresário tucano João Doria Júnior logo no primeiro turno. Na prática, os brasileiros usaram a urna eletrônica para referendar o impeachment. Desde 2003 avançando mais para a esquerda, o país deu uma guinada e girou o volante para a direita. Após 36 anos de existência e treze anos de reinado absoluto, o PT se esfarelava. As perspectivas para a eleição presidencial de 2018 eram as piores possíveis. Antes tão certo, o terceiro mandato de Luiz Inácio Lula da Silva passava a ser uma ilusão. Dilma foi a responsável por boa parte da decadência.

Michel Temer e Eduardo Cunha, os dois carrascos de Dilma, conseguiram o que tanto queriam, mas não viveram felizes para sempre. O novo presidente da República governou ouvindo diariamente berros de "Fora, Temer!" e tendo pesadelos com os processos que o PSDB, agora aliado, apresentara ao Tribunal Superior Eleitoral em 2014 pedindo a cassação da chapa Dilma-Temer. Os tucanos haviam acusado o consórcio PT-PMDB de vencer a eleição financiado pelo dinheiro sujo da Petrobras. A Operação Lava Jato continuou fazendo estragos no governo do PMDB. Cada novo delator que abria a boca reforçava a acusação e diminuía as chances de Temer concluir o mandato em 2018. Cunha teve um destino ainda pior. Ele, que já estava afastado da Câmara desde maio de 2016 por ordem do Supremo Tribunal Federal, acabou sendo cassado pelos deputados em setembro desse ano, por quebra de decoro parlamentar. Já definitivamente fora do poder e sem o foro privilegiado, Cunha viu seus processos da Lava Jato serem remetidos do Supremo para o juiz Sérgio Moro, da primeira instância, que determinou a prisão preventiva do deputado um mês depois da cassação e em seguida o condenou a mais de 15 anos de reclusão pelos crimes de corrupção passiva, lavagem de dinheiro e evasão de divisas. O antes todo-poderoso da República, aquele que conseguiu derrubar a presidente, passaria uma temporada atrás das grades em Curitiba.

Assim que o Senado bateu o martelo e a transformou em ex-presidente, Dilma Rousseff deixou o Palácio da Alvorada e se mudou para um apartamento de classe média em Porto Alegre, num bairro às margens do Rio Guaíba chamado Tristeza, onde esperava viver no anonimato. Aos 68 anos, ela agora teria tempo de sobra para dedicar-se aos livros de detetive e aos dois netos pequenos. Nas entrevistas que concedeu, aparentou sentir alívio por finalmente estar fora de um jogo implacável cujas regras ela não conseguia compreender.[86] Apesar de ter conseguido preservar o direito de ocupar funções públicas, a volta ao poder estava terminantemente fora de seus planos. "Se eu perder, estou fora do baralho", anunciara, ainda em Brasília, ao notar a inevitabilidade do impeachment.[87] Nas primeiras semanas, os jornais publicaram fotos de Dilma andando de bicicleta, fazendo compras no supermercado e comprando sanduíches para viagem. Não fossem os dois seguranças sempre a tiracolo, uma prerrogativa de ex-presidentes, ela passaria despercebida. Não houve relatos de que tenha sido hostilizada depois da destituição. Apesar de todo o estrago legado por seu governo, Dilma deixou de provocar ódio de imediato. É como se os brasileiros quisessem virar logo essa página da história nacional, não enfrentar a dor, apagar de uma vez uma experiência traumática da vida.

O mais provável é que no futuro os livros didáticos de história dediquem algumas poucas linhas aos dois governos de Dilma. José Sarney foi o presidente que permitiu a elaboração da Constituição de 1988, responsável pela criação de uma série de direitos sociais e pela consolidação da democracia. Fernando Collor abriu à força o fechado mercado brasileiro para o comércio internacional. Itamar Franco trouxe a estabilidade econômica, com o Plano Real, após séculos de inflação descontrolada. Fernando Henrique Cardoso conduziu o processo de privatização de grandes empresas estatais, como a de telecomunicações, o que permitiu a expansão da telefonia fixa e a consolidação da telefonia celular e da internet. Luiz Inácio Lula da Silva foi o presidente que propiciou a ascensão social de milhões de pobres à classe média e transformou o Brasil em uma potência econômica mundial. Dilma, que governou o país durante cinco anos e meio, por sua vez, saiu sem deixar nenhuma lembrança positiva digna de registro. O que ela entregou foram retrocessos econômicos e sociais, além de um doloroso impeachment. Nicolau Maquiavel, entretanto, certamente daria a Dilma Rousseff um espaço generoso em seu livro, talvez um capítulo inteiro. Como foi derrubada depois de fazer exatamente o inverso do que ele prega em *O Príncipe*, a ex-presidente comprovou, uma a uma, a validade das máximas maquiavélicas. São dignos de nota não apenas os líderes vitoriosos. Os que não vingam, segundo Maquiavel, têm muito a ensinar e merecem ser conhecidos. As estratégias deles também servem de exemplo para aqueles que sonham com o poder – exemplo daquilo que um príncipe jamais deve fazer.

FONTES

Mandamento 2
1. SAKATE, Marcelo. O país foi enganado. *Veja*, São Paulo, 31 jan. 2015.

Mandamento 3
2. FRIEDLANDER, David; SEABRA, Catia. Malvado favorito. *Folha de S.Paulo*, São Paulo, 23 nov. 2014. Disponível em: < http://www1.folha.uol.com.br/fsp/poder/196903-malvado-favorito.shtml>. Acesso em: 07 abr. 2017.
3. GOIS, Chico de. Processo contra Eduardo Cunha por improbidade na Cehab é arquivado. *O Globo*. 08 jan. 2015. Disponível em: <http://oglobo.globo.com/brasil/processo-contra-eduardo-cunha-por-improbidade-na-cehab-arquivado-14994606>. Acesso em: 07 abr. 2017.
4. MAGALHÃES, Vera. Painel. *Folha de S.Paulo*. 26 dez. 2014.

Mandamento 4
5. LIMA, Daniela; FRAGA, Érica; RICARDO, Mioto. Para FHC, governo é 'autoritário' e impõe agenda da ditadura. *Folha de S.Paulo*, São Paulo, 13 mar. 2014. Disponível em: <http://www1.folha.uol.com.br/fsp/poder/156139-para-fhc-governo-e-autoritario-e-impoe-agenda-da-ditadura.shtml>. Acesso em: 07 abr. 2017.
6. FRIEDLANDER, David; SEABRA, Catia. Malvado favorito. *Folha de S.Paulo*, São Paulo, 23 nov. 2014.
7. MAGALHÃES, Vera. Painel. *Folha de S.Paulo*. 31 jan. 2015.
8. IGLESIAS, Simone. No primeiro mandato, Dilma recebeu somente 15 dos 594 parlamentares. *O Globo*, 09 nov. 2014. Disponível em: <http://oglobo.globo.com/brasil/no-primeiro-mandato-dilma-recebeu-somente-15-dos-594-parlamentares-14512018>. Acesso em: 07 abr. 2017.

Mandamento 5
9. SADI, Andréia; BRAGON, Ranier. Ministro usa viagem oficial para pedir apoio ao PT. *Folha de S.Paulo*, Brasília, 29 jan. 2015. Disponível em: <http://www1.folha.uol.com.br/poder/2015/01/1582039-ministro-usa-viagem-oficial-para-pedir-apoio-ao-pt.shtml>. Acesso em: 07 abr. 2017.
10. PEREIRA, Daniel. A base de apoio conflagrada. *Veja*, São Paulo, 11 jan. 2015.
11. MAGALHÃES, Vera. Painel. *Folha de S.Paulo*. 28 nov. 2014.
12. SADI, Andréia et al. Cunha diz que rivais tentam tirá-lo de disputa na Câmara. *Folha de S.Paulo*, São Paulo, 08 jan. 2015. Disponível em: <http://www1.folha.uol.com.br/poder/2015/01/1571562-cunha-diz-que-pedido-de-investigacao-contra-ele-tenta-prejudicar-campanha.shtml>. Acesso em: 07 abr. 2017.
13. FRIEDLANDER, David; SEABRA, Catia. Malvado favorito. *Folha de S.Paulo*, São Paulo, 23 nov. 2014. Disponível em: <http://www1.folha.uol.com.br/fsp/poder/196903-malvado-favorito.shtml>. Acesso em: 07 abr. 2017.
14. Ibidem.
15. Ibidem.

Mandamento 6
16. BRAGON, Ranier; FALCÃO, Márcio. Apoio no Congresso será condição para obter cargos, diz Mercadante. *Folha de S.Paulo*, Brasília, 03 fev. 2015. Disponível em: <http://www1.folha.uol.com.br/fsp/poder/206721-apoio-no-congresso-sera-condicao-para-obter-cargos-diz-mercadante.shtml>. Acesso em: 07 abr. 2017.
17. PEREIRA, Daniel. A base de apoio conflagrada. *Veja*, São Paulo, 11 fev. 2015.
18. BRAGON, Ranier et al. Câmara elege Cunha e impõe derrota histórica ao Planalto. *Folha de S.Paulo*, Brasília, 02 fev. 2015. Disponível em: <http://www1.folha.uol.com.br/fsp/poder/206572-camara-elege-cunha-e-impoe-derrota-historica-ao-planalto.shtml>. Acesso em: 07 abr. 2017.

Mandamento 7
19. VALADARES, João. Envolto em denúncias, ministro se tranca em sala para fugir da imprensa. *Correio Braziliense*, 02 jan. 2015. Disponível em: <http://www.correiobraziliense.com.br/app/noticia/politica/2015/01/02/internas_polbraeco,464433/envolto-em-denuncias-ministro-se-tranca-em-sala-para-fugir-da-imprens.shtml>. Acesso em: 07 abr. 2017.

20. SOUZA, Leonardo. BB financiou Porsche para socialite amiga de Bendine. *Folha de S.Paulo*, Rio de Janeiro, 06 maio 2015. Disponível em: <http://www1.folha.uol.com.br/poder/2015/05/1625242-bb-financiou-porsche-para-socialite-amiga-de-bendine.shtml>. Acesso em: 07 abr. 2017.

Mandamento 8
21. JARDIM, Lauro. Cem dias de cão. *Veja*, 11 abr. 2015. Disponível em: <http://veja.abril.com.br/blog/radar-on-line/cem-dias-de-cao/>. Acesso em: 07 abr. 2017.

Mandamento 9
22. URIBE, Gustavo; BORBA, Júlia. Para acalmar agências de risco, governo envia proposta de CPMF. *Folha de S.Paulo*, Brasília, 22 set. 2015. Disponível em: <http://www1.folha.uol.com.br/poder/2015/09/1684938-governo-proposta-de-recriacao-da-cpmf-ao-congresso.shtml>. Acesso em: 07 abr. 2017.
23. JUNGBLUT, Cristiane; IGLESIAS, Simone. Renan muda o tom e diz que há 'resistência histórica' no Congresso à criação de imposto. *O Globo*, 06 set. 2015. Disponível em: <http://oglobo.globo.com/brasil/renan-muda-tom-diz-que-ha-resistencia-historica-no-congresso-criacao-de-imposto-17505497>. Acesso em: 07 abr. 2017.
24. ROLLI, Claudia; ARAGÃO, Alexandre. Skaf diz que vai para 'guerra' se governo cortar verba do Sistema S. *Folha de S.Paulo*, São Paulo, 25 abr. 2015. Disponível em: <http://www1.folha.uol.com.br/mercado/2015/09/1686875-presidente-da-fiesp-diz-que-vai-para-guerra-se-governo-cortar-verba-do-sistema-s.shtml>. Acesso em: 07 abr. 2017.

Mandamento 10
25. MAGALHÃES, Vera. Painel. *Folha de S.Paulo*. 10 set. 2015.
26. SADI, Andréia. Filha de Cunha investe em trabalho político com deputados de olho em 2016. *Folha de S.Paulo*, 01 jun. 2015. Disponível em: <http://www1.folha.uol.com.br/fsp/poder/221190-filha-de-cunha-investe-em-trabalho-politico-com-deputados-de-olho-em-2016.shtml>. Acesso em: 07 abr. 2017.
27. FRANCO, Bernardo Mello. Samba da reforma doida. *Folha de S.Paulo*, 13 maio 2015. Disponível em: <http://www1.folha.uol.com.br/fsp/opiniao/219096-samba-da-reforma-doida.shtml>. Acesso em: 07 abr. 2017.
28. CUNHA critica relator da reforma política e não quer ver proposta votada. *Folha de S.Paulo*, Brasília, 18 maio 2015. Disponível em: <http://www1.folha.uol.com.br/poder/2015/05/1630682-cunha-critica-relator-da-reforma-politica-e-nao-quer-ver-proposta-votada.shtml>. Acesso em: 07 abr. 2017.
29. BRAGON, Ranier. Cunha submeterá distritão e doações privadas ao plenário. *Folha de S.Paulo*, Brasília, 26 maio 2015. Disponível em: <http://www1.folha.uol.com.br/fsp/poder/220511-cunha-submetera-distritao-e-doacoes-privadas-ao-plenario.shtml>. Acesso em: 07 abr. 2017.
30. BRAGON, Ranier. Com controle de comissões, Cunha dita ritmo da Câmara. *Folha de S.Paulo*, Brasília, 05 jun. 2015. Disponível em: <http://www1.folha.uol.com.br/paywall/login.shtml?http://www1.folha.uol.com.br/poder/2015/07/1651816-com-controle-de-comissoes-cunha-dita-ritmo-da-camara.shtml>. Acesso em: 07 abr. 2017.
31. DIAS, Marina; FALCÃO, Márcio; SADI, Andréia. Dilma indica juiz apoiado por Renan Calheiros ao STJ. *Folha de S.Paulo*, Brasília, 18 ago. 2015. Disponível em: <http://www1.folha.uol.com.br/fsp/poder/229889-dilma-indica-juiz-apoiado-por-renan-calheiros-ao-stj.shtml>. Acesso em: 07 abr. 2017.
32. NERY, Natuza; GAMA, Paulo. Presidente Dilma disse que poderia me ajudar no STF, afirma Eduardo Cunha. *Folha de S.Paulo*, 15 maio 2016. Disponível em: <http://www1.folha.uol.com.br/poder/2016/05/1771385-presidente-dilma-disse-que-poderia-me-ajudar-no-stf-diz-eduardo-cunha.shtml>. Acesso em: 07 abr. 2017.
33. LIMA, Daniela. Renan sinaliza a Dilma que não atua para agravar a crise. *Folha de S.Paulo*, Brasília, 06 dez. 2015. Disponível em: <http://www1.folha.uol.com.br/poder/2015/12/1715481-renan-sinaliza-a-dilma-que-nao-atua-para-agravar-a-crise.shtml>. Acesso em: 07 abr. 2017.

Mandamento 11
34. PROTESTO na av. Paulista é o maior ato político já registrado em São Paulo. *Folha de S.Paulo*, Brasília, 13 mar. 2016. Disponível em: <http://www1.folha.uol.com.br/poder/2016/03/1749528-protesto-na-av-paulista-e-o-maior-ato-politico-ja-registrado-em-sao-paulo.shtml>. Acesso em: 07 abr. 2017.
35. SEABRA, Cátia; BERGAMIM Jr., Giba. Hostilizados por manifestantes, Aécio e Alckmin ficam meia hora na Paulista. *Folha de S.Paulo*, São Paulo, 13 mar. 2016. Disponível em: <http://www1.folha.uol.com.br/poder/2016/03/1749517-hostilizados-por-manifestantes-aecio-e-alckmin-ficam-meia-hora-na-paulista.shtml>. Acesso em: 07 abr. 2017.
36. FRAGA, Érica; CARNEIRO, Mariana; PINTO, Ana Estela de Sousa. Estudos identificam forte relação entre suicídios e desemprego. *Folha de S.Paulo*, São Paulo, 24 jun. 2016. Disponível em: <http://www1.folha.uol.com.br/mercado/2016/07/1794758-estudos-identificam-forte-relacao-entre-suicidios-e-desemprego.shtml>. Acesso em: 07 abr. 2017.
37. SUPREMO abre sexto inquérito contra Collor na Lava Jato. *Agência Brasil*, 13 maio 2016. Disponível em: <http://agenciabrasil.ebc.com.br/politica/noticia/2016-05/supremo-abre-sexto-inquerito-contra-collor-na-lava-jato>. Acesso em: 07 abr. 2017.; SUPREMO abre sexto inquérito contra Collor na Lava Jato. *Agência Brasil*, 09 fev. 2016. Disponível em: <http://agenciabrasil.ebc.com.br/politica/noticia/2017-02/lava-jato-stf-abre-inquerito-contra-renan-juca-sarney-e-sergio-machado>. Acesso em: 07 abr. 2017.; SUPREMO abre sexto inquérito contra Collor na Lava Jato. *Agência Brasil*, 15 dez. 2016. Disponível em: <http://agenciabrasil.ebc.com.br/politica/noticia/2016-12/mpf-oferece-nova-denuncia-contra-lula-na-lava-jato>. Acesso em: 07 abr. 2017.
38. LINHARES, Carolina; LAMAR, Theo. Com duração imprevisível, Lava Jato já tem 37 fases e 364 investigados só no STF. *Folha de S.Paulo*, São Paulo, 20 nov. 2016. Disponível em: <http://www1.folha.uol.com.br/asmais/2016/11/1832894-com-duracao-imprevisivel-lava-jato-ja-tem-37-fases-e-364-investigados-so-no-stf.shtml>. Acesso em: 07 abr. 2017.

Mandamento 12
39. PARDELLAS, Sérgio; BERGAMASCO, Débora. Uma presidente fora de si. *IstoÉ*, 01 abr. 2016. Disponível em: <http://istoe.com.br/450027_UMA+PRESIDENTE+FORA+DE+SI/>. Acesso em: 07 abr. 2017.
40. NERY, Natuza. Painel. *Folha de S.Paulo*. 24 jan. 2016.
41. NERY, Natuza. Dilma afirma que errou na avaliação da economia. *Folha de S.Paulo*, Brasília, 25 ago. 2016. Disponível em: <http://www1.folha.uol.com.br/poder/2015/08/1673024-governo-demorou-para-perceber-gravidade-da-crise-economica-diz-dilma.shtml>. Acesso em: 07 abr. 2017.
42. FRANCO, Bernardo Mello. Pelo telefone. *Folha de S.Paulo*, Brasília, 30 set. 2015. Disponível em: <http://www1.folha.uol.com.br/colunas/bernardomellofranco/2015/09/1688238-pelo-telefone.shtml>. Acesso em: 07 abr. 2017.
43. NERY, Natuza. Dilma conversa com Mercadante, e ministro vai para a Educação. *Folha de S.Paulo*, Brasília, 30 set. 2015. Disponível em: <http://www1.folha.uol.com.br/poder/2015/09/1688321-dilma-conversa-com-mercadante-e-ministro-vai-para-a-educacao.shtml>. Acesso em: 07 abr. 2017.
44. BERGAMO, Mônica. 'Nós vamos pagar o pato do pato', diz Dilma sobre cortes. *Folha de S.Paulo*, 29 maio 2015. Disponível em: <http://www1.folha.uol.com.br/poder/2016/05/1776030-nos-vamos-pagar-o-pato-do-pato-diz-dilma-sobre-cortes.shtml>. Acesso em: 07 abr. 2017.

Mandamento 13
45. BRITO, Ricardo; CARDOSO, Daiene. Isolado, Cid Gomes pode trocar Pros por nova sigla de Kassab. *Exame*, 13 jan. 2015. Disponível em: <http://exame.abril.com.br/brasil/isolado-cid-gomes-pode-trocar-pros-por-nova-sigla-de-kassab/>. Acesso em: 07 abr. 2017.
46. SADI, Andréia; NERY, Natuza. PMDB vai à Justiça contra criação de partidos, diz Cunha. *Folha de S.Paulo*, Brasília, 03 fev. 2015. Disponível em: <http://www1.folha.uol.com.br/poder/2015/02/1584340-pmdb-vai-a-justica-contra-criacao-de-novos-partidos-diz-cunha.shtml>. Acesso em: 07 abr. 2017.
47. LOURENÇO, Iolando. Eduardo Cunha critica vetos a projetos sobre criação e fusão de partidos. *Agência Brasil*, 25 mar. 2015. Disponível em: <http://agenciabrasil.ebc.com.br/politica/noticia/2015-03/eduardo-cunha-critica-vetos-projetos-sobre-criacao-e-fusao-de-partidos>. Acesso em: 07 abr. 2017.

48. HAUBERT, Mariana et al. Cunha rompe com governo; PMDB e oposição silenciam. *Folha de S.Paulo*, Brasília, 18 jun. 2015. Disponível em: <http://www1.folha.uol.com.br/fsp/poder/226483-cunha-rompe-com-governo-pmdb-e-oposicao-silenciam.shtml>. Acesso em: 07 abr. 2017.
49. GAMA, Júnia. Picciani deixa perfil opositor e sonha presidir Câmara. *O Globo*, Brasília, 27 set. 2015. Disponível em: <http://oglobo.globo.com/brasil/picciani-deixa-perfil-opositor-sonha-presidir-camara-17619722>. Acesso em: 07 abr. 2017.
50. FRANCO, Ilimar. Panorama político. *O Globo*, 26 fev. 2016.
51. SEABRA, Catia. Lula teme que ajuste não freie impeachment. *Folha de S.Paulo*, São Paulo, 16 ago. 2015. Disponível em: <http://www1.folha.uol.com.br/fsp/poder/233196-lula-teme-que-ajuste-nao-freie-impeachment.shtml>. Acesso em: 07 abr. 2017.
52. FALCÃO, Márcio; BRAGON, Ranier. Dossiê suíço liga dinheiro da Petrobras a contas de Cunha. *Folha de S.Paulo*, São Paulo, 10 out. 2015. Disponível em: <http://www1.folha.uol.com.br/fsp/poder/235982-dossie-suico-liga-dinheiro-da-petrobras-a-contas-de-cunha.shtml>. Acesso em: 10 abr. 2017.
53. BRAGON, Ranier et al. Cunha negocia acordo com governo para salvar mandato. *Folha de S.Paulo*, São Paulo, 15 out. 2015. Disponível em: <http://www1.folha.uol.com.br/fsp/poder/236511-cunha-negocia-acordo-com-governo-para-salvar-mandato.shtml>. Acesso em: 10 abr. 2017.

Mandamento 14

54. SADI, Andréia et al. Lula orienta Dilma a buscar trégua com Eduardo Cunha. *Folha de S.Paulo*, São Paulo, 14 fev. 2015. Disponível em: <http://www1.folha.uol.com.br/fsp/poder/208234-lula-orienta-dilma-a-buscar-tregua-com-eduardo-cunha.shtml>. Acesso em: 10 abr. 2017.
55. DILMA está no 'volume morto', diz Lula em encontro com líderes religiosos. *Folha de S.Paulo*, São Paulo, 20 jun. 2015. Disponível em: <http://www1.folha.uol.com.br/poder/2015/06/1645602-dilma-esta-no-volume-morto-diz-lula-em-encontro-com-lideres-religiosos.shtml>. Acesso em: 10 abr. 2017.
56. Ibidem.
57. LIMA, Daniela; MEGALE, Bela. Lula diz que Dilma 'tem que ir para a rua conversar com o povo'. *O Globo*, São Paulo, 03 jul. 2015.Disponível em: <http://g1.globo.com/politica/noticia/2015/07/lula-diz-que-nao-se-resolve-violencia-colocando-moleque-na-cadeia.html>. Acesso em: 10 abr. 2017.
58. DIAS, Marina. Lula prioriza sua defesa e a do PT e vê Dilma em 2º plano. *Folha de S.Paulo*, São Paulo, 29 fev. 2016. Disponível em:<http://www1.folha.uol.com.br/poder/2016/02/1744462-lula-prioriza-sua-defesa-e-a-do-pt-e-ve-dilma-em-2-plano.shtml>. Acesso em: 10 abr. 2017.
59. MACEDO, Fausto; AFFONSO, Julia; BRANDT, Ricardo. Promotoria intima Lula e Marisa para depor como investigados. *Estadão* (on-line), São Paulo, 29 jan. 2016. Disponível em: <http://politica.estadao.com.br/blogs/fausto-macedo/promotoria-intima-lula-e-marisa-para-depor-como-investigados/>. Acesso em: 10 abr. 2017.
60. NERY, Natuza; CRUZ, Valdo; DIAS, Marina. Barbosa fala em fase de 'travessia'; Levy defende aperto fiscal. *Folha de S.Paulo*, São Paulo, 11 set. 2015. Disponível em: <http://www1.folha.uol.com.br/fsp/opiniao/232555-painel-do-leitor.shtml>. Acesso em: 10 abr. 2017.
61. FREIRE, Vinicius Torres. Reforma na laje ministerial. *Folha de S.Paulo*, São Paulo, 23 fev. 2014. Disponível em:<http://www1.folha.uol.com.br/paywall/signup-colunista.shtml?http://www1.folha.uol.com.br/fsp/mercado/153556-reforma-na-laje-ministerial.shtml>. Acesso em: 10 abr. 2017.
62. VOTO em lista, um atentado à democracia. *Estadão* (on-line), São Paulo, 26 fev. 2014. Disponível em:<http://opiniao.estadao.com.br/noticias/geral,ela-fala-pelo-brasil-imp-,1134754>. Acesso em: 10 abr. 2017.
63. CRUZ, Valdo. 'Se eu perder, estou fora do baralho', diz Dilma a quatro dias de votação. *Folha de S.Paulo*, São Paulo, 13 abr. 2016. Disponível em: <http://www1.folha.uol.com.br/poder/2016/04/1760483-dilma-ataca-golpe-e-propoe-pacto-politico-se-vencer-o-impeachment.shtml>. Acesso em: 10 abr. 2017.
64. JARDIM, Lauro. Uma reunião no Planalto. *Veja*, São Paulo, 21 jun. 2015. Disponível em: <http://veja.abril.com.br/blog/radar-on-line/uma-reuniao-no-planalto/>. Acesso em: 10 abr. 2017.
65. NERY, Natuza; SADI, Andréia. Durante a crise, presidente fica mais solitária e reflexiva. *Folha de S.Paulo*, São Paulo, 15 mar. 2015. Disponível em: <http://www1.folha.uol.com.br/poder/2015/03/1602977-em-crise-presidente-adota-postura-solitaria-e-reflexiva.shtml>. Acesso em: 10 abr. 2017.

66. COLON, Leandro. Ministro da Justiça diz que trocará equipe da PF em caso de vazamento. *Folha de S.Paulo*, São Paulo, 19 mar.2016. Disponível em: <http://www1.folha.uol.com.br/poder/2016/03/1751763-ministro-da-justica-diz-que-trocara-equipe-da-pf-em-caso-de-vazamento.shtml>. Acesso em: 10 abr. 2017.

67. URIBE, Gustavo. Dilma exonera aliado de Temer da vice-presidência da Caixa. *Folha de S.Paulo*, São Paulo, 01 abr. 2016. Disponível em: <http://www1.folha.uol.com.br/poder/2016/04/1756359-dilma-exonera-aliado-de-temer-da-vice-presidencia-da-caixa.shtml>. Acesso em: 10 abr. 2017.

MANDAMENTO 15

68. CRUZ, Valdo; NERY, Natuza. Povo tem que aguardar ajuste e ter compreensão, diz Michel Temer. *Folha de S.Paulo*, São Paulo, 30 maio. 2015. Disponível em: <http://www1.folha.uol.com.br/poder/2015/05/1635871-povo-tem-que-aguardar-ajuste-e-ter-compreensao-diz-michel-temer.shtml>. Acesso em: 10 abr. 2017.

69. SADI, Andréia et al. Temer se afasta de Dilma, que fala em mudar governo. *Folha de S.Paulo*, São Paulo, 25 ago. 2015. Disponível em: <http://www1.folha.uol.com.br/poder/2015/08/1673149-temer-se-afasta-de-dilma-que-fala-em-mudar-governo.shtml>. Acesso em: 10 abr. 2017.

70. LIMA, Daniela; CRUZ, Valdo. Como Temer construiu a sua carreira e os passos que deu para afastar Dilma. *Folha de S.Paulo*, São Paulo, 18 abr. 2016. Disponível em: <http://www1.folha.uol.com.br/poder/2016/04/1762244-como-temer-construiu-a-sua-carreira-e-os-passos-que-deu-para-afastar-dilma.shtml>. Acesso em: 10 abr. 2017.

71. DIAS, Marina; SADI, Andréia. Temer diz a Dilma que não pode fazer nada por CPMF. *Folha de S.Paulo*, São Paulo, 29 ago. 2015. Disponível em: <http://www1.folha.uol.com.br/fsp/poder/231171-temer-diz-a-dilma-que-nao-pode-fazer-nada-por-cpmf.shtml>. Acesso em: 10 abr. 2017.

72. LIMA, Daniela. No auge da crise, em 2015, Michel Temer se encontrou com Aécio. *Folha de S.Paulo*, São Paulo, 07 fev. 2016. Disponível em: <http://www1.folha.uol.com.br/poder/2016/02/1737643-no-auge-da-crise-em-2015-michel-temer-se-encontrou-com-aecio.shtml>. Acesso em: 10 abr. 2017.

MANDAMENTO 16

73. SCHREIBER, Mariana. Gilmar Mendes, o polêmico ministro no caminho de Dilma e do PT. *BBC Brasil*, Brasília, 06 out. 2015. Disponível em: <http://www.bbc.com/portuguese/noticias/2015/10/150921_perfil_gilmar_ms_ab>. Acesso em: 10 abr. 2017.

74. CANES, Michèlle; PEDUZZI, Pedro. Delcídio diz que Mercadante ofereceu ajuda financeira para evitar delação. *Agência Brasil*, 15 mar. 2016. Disponível em: <http://agenciabrasil.ebc.com.br/politica/noticia/2016/03/delcidio-diz-que-mercadante-ofereceu-ajuda-financeira-para-evitar-delacao>. Acesso em: 10 abr. 2017.

75. BRAGON, Ranier; FLECK, Isabel. Relator do pedido de impeachment diz que não entrega cargos no governo. *Folha de S.Paulo*, Brasília, 22 mar. 2016. Disponível em: <http://www1.folha.uol.com.br/poder/2016/03/1752559-relator-tem-cargos-no-governo-e-diz-que-nao-os-entrega.shtml>. Acesso em: 10 abr. 2017.

76. 'PRIMEIRA-DAMA' de ministério apaga conta no Facebook depois de polêmica. *Estadão* (on-line), 26 abr. 2016. Disponível em: <http://www1.folha.uol.com.br/poder/2016/03/1752559-relator-tem-cargos-no-governo-e-diz-que-nao-os-entrega.shtml>. Acesso em: 10 abr. 2017.

77. SCHREIBER, Mariana; MENDONÇA, Renata. Presidente da Câmara que anulou impeachment votou contra processo e é investigado pela Lava Jato. *BBC Brasil*, Brasília, 09 maio 2016. Disponível em: <http://www.bbc.com/portuguese/brasil/2016/05/160505_cunha_maranhao_ms>. Acesso em: 10 abr. 2017.

EPÍLOGO

78. COLLUCCI, Claudia. Tamanho do SUS precisa ser revisto, diz novo ministro da Saúde. *Folha de S.Paulo*, São Paulo, 17 maio 2016. Disponível em: <http://www1.folha.uol.com.br/cotidiano/2016/05/1771901-tamanho-do-sus-precisa-ser-revisto-diz-novo-ministro-da-saude.shtml>. Acesso em: 10 abr. 2017.

79. BERGAMO, Mônica. Nenhum direito é absoluto, e país precisa funcionar, diz ministro da Justiça. *Folha de S.Paulo*, 16 maio 2016. Disponível em: <http://www1.folha.uol.com.br/poder/2016/05/1771609-nenhum-direito-e-absoluto-e-pais-precisa-funcionar-diz-ministro-da-justica.shtml>. Acesso em: 10 abr. 2017.
80. FALCÃO, Márcio; VALENTE, Rubens; MASCARENHAS, Gabriel. Teori nega prisão de Renan, Jucá e Sarney, pedida por Janot. *Folha de S.Paulo*, Brasília, 14 jun. 2016. Disponível em: <http://www1.folha.uol.com.br/poder/2016/06/1781700-teori-nega-prisao-de-renan-juca-e-sarney-pedida-por-janot.shtml>. Acesso em: 10 abr. 2017.
81. LIMA, Daniel. Jucá: não perco um minuto do meu dia de preocupação com a Lava Jato. *Agência Brasil*, 23 maio 2016. Disponível em: <http://agenciabrasil.ebc.com.br/politica/noticia/2016-05/juca-nao-perco-um-minuto-do-meu-dia-com-lava-jato>. Acesso em: 10 abr. 2017.
82. CHAGAS, Paulo Victor. Ministro da Transparência pede demissão do cargo. *Agência Brasil*, 30 maio 2016. Disponível em: <http://agenciabrasil.ebc.com.br/politica/noticia/2016-05/juca-nao-perco-um-minuto-do-meu-dia-com-lava-jato>. Acesso em: 10 abr. 2017.
83. RICHARD, Ivan. Henrique Eduardo Alves é o terceiro ministro de Temer a pedir demissão. *Agência Brasil*, 16 jun. 2016. Disponível em: <http://agenciabrasil.ebc.com.br/politica/noticia/2016-06/henrique-eduardo-alves-e-o-terceiro-ministro-de-temer-pedir-demissao>. Acesso em: 10 abr. 2017.
84. JARDIM, Lauro. Radar. Veja, 12 dez. 2007.
85. LULA dizendo que é preguiçoso e não gosta de ler. Disponível em: <https://www.youtube.com/watch?v=1iiSrlqAF6I>. Acesso em: 10 abr. 2017.
86. NERY, Natuza. Após impeachment, Dilma leva vida reservada no RS. *Folha de S.Paulo*, 01 nov. 2016. Disponível em: <http://www1.folha.uol.com.br/poder/2016/11/1828285-apos-impeachment-dilma-leva-vida-reservada-no-rs-veja-entrevista.shtml>. Acesso em: 10 abr. 2017.
87. CRUZ, Valdo. 'Se eu perder, estou fora do baralho', diz Dilma a quatro dias da votação. *Folha de S.Paulo*, 01 nov. 2016. Disponível em: <http://www1.folha.uol.com.br/poder/2016/04/1760483-dilma-ataca-golpe-e-propoe-pacto-politico-se-vencer-o-impeachment.shtml>. Acesso em: 10 abr. 2017.

BIBLIOGRAFIA

ABRANCHES, Sérgio. *Presidencialismo de Coalizão*: o dilema institucional brasileiro. Revista de Ciências Sociais, Rio de Janeiro, v. 31, n. 1, p. 5-34, 1988.

CAMPOS BARROS, Vinícius Soares de. *10 Lições sobre Maquiavel*. Petrópolis: Vozes, 2014.

DUVERGER, Maurice. *Os Partidos Políticos*. Rio de Janeiro: Zahar Editores, 1970.

FORNAZIERI, Aldo. *Maquiavel e o Bom Governo*. 2007. Tese de doutorado (Ciência Política) – Faculdade de Filosofia, Letras e Ciências Humanas, Universidade de São Paulo, São Paulo, 2007.

KELLY, Paul et al. *O Livro da Política*. São Paulo: Globo, 2013.

KING, Ross. *Maquiavel: filósofo do poder*. São Paulo: Objetiva, 2010.

LIMA, Márcio Penido Souza. *O Poder Constituinte em Maquiavel*. 2011. 151 f. Dissertação de mestrado (Programa de Pós-Graduação em Direito) – Departamento de Direito, Pontifícia Universidade Católica, Rio de Janeiro, 2011.

MAQUIAVEL, Nicolau. *O Príncipe*. Porto Alegre: L&PM Editores, 2013.

MAQUIAVEL, Nicolau. *O Príncipe*: com notas de Napoleão Bonaparte. São Paulo: Revista dos Tribunais, 2013.

MONTESQUIEU, Charles Louis de. *O Espírito das Leis*. São Paulo: Abril Cultural, 1985.

VIEIRA, Fernando Sabóia. *Poderes e Atribuições do Presidente da Câmara dos Deputados no Processo Decisório Legislativo*. 2009. 96 f. Dissertação de mestrado (Ciência Política) – Instituto de Pesquisas Universitárias do Rio de Janeiro e Centro de Formação, Treinamento e Aperfeiçoamento da Câmara dos Deputados, Rio de Janeiro, 2009.

WESTIN, Ricardo. *De Florença a Brasília: a atualidade de Nicolau Maquiavel na política de Dilma Rousseff e Eduardo Cunha*. Monografia de especialização (Ciência Política) – Instituto Legislativo Brasileiro, Brasília, 2015.